AF577635

– *Andrea und Lisa Oppermann & Conny Golchert* –

Kohlvielfalt

Klassiker & Köstlichkeiten aus aller Welt

Impressum

Kohlvielfalt
Klassiker & Köstlichkeiten aus aller Welt
Andrea und Lisa Oppermann & Conny Golchert

E-Mail: info@schnell-verlag.de
www.schnell-verlag.de
Druck: Finidr s.r.o., Český Těšín (Tschechien)
ISBN 978-3-87716-657-4
1. Auflage
Warendorf, September 2017

Inhalt

Was uns zu diesem Zauber trieb!

Nachdem der Verlag angefragt hatte, ob Interesse an einem Kochbuch über Kohl besteht, hatte uns das Thema schnell gepackt und wir taten uns im Team zusammen.
Eine WhatsApp-Kohl-Gruppe wurde gegründet und ein reger Austausch von Gedanken und Informationen begann.
Bei manch gemeinsamer Kaffeestunde hatten wir viel Spaß. Ganz wunderbar war dann auch der Austausch der Kochproben. Zudem war es ein besonderes Erlebnis zusammen als Mutter, Tochter und Freundin an diesem Buch zu arbeiten.

Der Kohl gehört unbedingt in die moderne Küche. Auf Entdeckungsreise gegangen, förderten wir immer neue Ideen zutage. Die Nasenklammer bei der Kohlverarbeitung? Die ist absolut fehl am Platz – und heute nicht mehr notwendig.
Den Beweis treten wir in diesem Buch an. Rezepte, auch aus anderen Ländern, haben wir ganz persönlich für dieses Buch zusammengestellt.
Dafür sei allen Rezeptgebern an dieser Stelle herzlich gedankt. Es hat dieses Buch bereichert und gezeigt, dass Kohlgerichte auch anderswo Tradition haben und sehr gut nachgekocht werden können.

Viel Spaß bei der Entdeckungsreise mit den verschiedenen Kohlrezepten!

Andrea und Lisa Oppermann & Conny Golchert

Alles Kohl – oder was?

Kohl, ein typisch deutsches Gericht? Von wegen, ursprünglich kommt der Kohl aus Mitteleuropa. Dort ist er auch heute noch als Wildkohl bekannt. Kohlgemüse gibt es in den verschiedensten Formen und Sorten, alle gehören sie zur Familie der Kreuzblütler, deren hoher Gehalt an Senfölen den typischen Kohlgeschmack ausmacht. Der Wildkohl hat keine festen Köpfe, wie zum Beispiel der heutige Weißkohl. Er besteht aus lockeren, dick angeordneten Blättern, die dem heutigen Grünkohl ähneln.
Bereits vor über 4.000 Jahren begannen die Menschen den Kohl zu züchten. Dies ist die Grundlage der heutigen Vielfalt der verschiedenen Sorten.

Wann und wo die Wildformen in Kultur genommen wurden, lässt sich heute nicht mehr nachvollziehen. Noch 1980 wurde etwa auf Samos der dort wild vorkommende Brassica cretica von den Einheimischen auf den Äckern gezogen. Alle Wildformen und Kulturformen sind miteinander kreuzbar. Der grüne Krauskohl lässt sich zumindest für das Griechenland des 3. Jahrhunderts v. Chr. nachweisen, ebenso für Italien. In Deutschland findet sich dieser Kohl in den Kräuterbüchern des 16. und 17. Jahrhunderts. Kohlrabi und Markstammkohl werden schon von Plinius dem Älteren (23–79 n. Chr.) erwähnt, in Deutschland lassen sich diese Kohlsorten ab dem 16. Jahrhundert nachweisen. Die festen Kohlköpfe sind auch erst aus dieser Zeit nachgewiesen, dürften aber schon zur Zeit Hildegards von Bingen im 11. Jahrhundert existiert haben. Brokkoli und Blumenkohl stammen vermutlich aus

Südgriechenland. Über Genua (um 1490) sind sie nach Frankreich, Flandern und Deutschland gekommen. Die ersten Abbildungen stammen von 1542. Der Rosenkohl ist eine sehr junge Form und stammt aus dem 18. Jahrhundert, wo er zuerst in Belgien auftrat.

Im Mittelalter begann der Kohl seinen Siegeszug in Deutschland. Besonders in Norddeutschland fand der Kohl exzellente Wachstumsbedingungen vor. Der Kohl liebt nährstoffreiche Böden und braucht eine regelmäßige Wasserversorgung. Daher wächst er in dieser Region besonders gut.

Über die Jahrhunderte hinweg half der Kohl den Menschen in Notzeiten oft und entwickelte so seinen Ruf als „Arme-Leute-Essen". In dieser Zeit galten nur Brokkoli und Blumenkohl als edleres Gericht. Erst nach dem Zweiten Weltkrieg kehrte das Interesse am Kohl zurück.

Heute erlebt das Kohlgemüse in Deutschland eine Neubelebung. Alte Sorten erleben eine Renaissance und in der Gastronomie findet das Gemüse wieder vielerlei Verwendung, auch in edleren Gerichten.

Neben Vitaminen und Mineralstoffen, beispielsweise Vitamin C, Vitaminen des B-Komplexes, Betacarotin, Folsäure und Kalium, Calcium sowie Eisen, sind in Kohlgemüsen reichlich Ballaststoffe und sekundäre Pflanzenstoffe enthalten.

Tipps und Tricks

Zubereitungsmengen

In der Regel sind die Mengen auf 4 Personen ausgelegt. Etwas anderes steht ansonsten beim Rezept dabei. Kohlgerichte eignen sich vorzüglich für die Zubereitung größerer Mengen. So spart man sich am zweiten Tag das Kochen. Und eines spricht ebenfalls für das Aufwärmen: Oft schmecken die Gerichte am darauffolgenden Tag noch besser!

Chili

Bei der Verwendung von frischen Chilischoten ist Vorsicht geboten. Davon etwas in die Augen zu bekommen, bereitet echte Qualen. Einmalhandschuhe schaffen da praktische Abhilfe.

Gemüse und Obst verwenden

Dass Gemüse und Obst gereinigt werden muss, unter Wasser abgespült und geputzt, ist selbstverständlich und wird nicht immer im Rezepttext erwähnt.

Ganze Kohlköpfe/Restmengen

Meistens wird bei der Verarbeitung eines Kohls nur eine kleinere Menge benötigt. Reste vom Kohl bleiben auch dann übrig, wenn nur die äußeren, großen Blätter für die Verwendung eines Gerichtes benötigt werden. Kohl in Teilen zu kaufen, ist nicht möglich. Wie schön, dass sich aus einem Kopf gleich mehrere Gerichte zubereiten lassen. Angeschnitten und abgedeckt hält sich Kohl im Kühlschrank etwa 1–2 Wochen.

Kohlreste lassen sich schnell zu einem Salat und vielen anderen Dingen verarbeiten.

Trendy

Salate und kleine Gerichte lassen sich prima vorbereiten. Voll im Trend sind da Weckgläser. So können Sie kleine Köstlichkeiten transportieren. Befüllt sind sie sehr dekorativ bei Büfetts und Feiern mit besonderen Anlässen.

Backofenangaben

Die Gradangaben beziehen sich immer auf Ober- und Unterhitze. Umlufttemperaturen sind etwas niedriger. Siehe Tabelle auf S. 24.

Verwendung von Kürbis

Bei einigen Rezepten wird auch Kürbis als Zutat verwendet. Dort ist dann oft Hokkaido angegeben. Diese Kürbissorte muss nur vom Stiel- und Blütenansatz und den Kernen befreit werden. Er muss NICHT geschält werden. Werden andere Sorten verwendet, dann muss die Schale entfernt werden. Der Hokkaido bildet da eine Ausnahme.

Küchengarn

Im Handel ist sogenanntes Rouladen- oder auch Küchengarn erhältlich. Es ist in vielen Bereichen verwendbar, da es hitzebeständig ist. Wird laut Rezept etwas gebunden, dann ist dieses Garn gemeint. Niemals Nähgarn.

Grundrezepte für Brühen

Brühen selber zubereiten ist nicht schwer. Es hat gerade in der heutigen Zeit einen ganz entscheidenden Vorteil: Man weiß, was drin ist! Gut lassen sich vorbereite Brühen in kleinen Portionen einfrieren und so bei Bedarf schnell verwenden.

Ein Sieb, ein Küchenhandtuch, Gefrierbeutel und Formen für die Eiswürfelzubereitung sind hierbei hilfreiches Handwerkszeug. Sollten Sie kleine Gemüseabschnitte übrig behalten bei der Zubereitung anderer Gerichte, dann können diese ganz einfach eingefroren werden. Wurde genug gesammelt, lässt sich dann alles gut für die Zubereitung einer Brühe verwenden.

Gemüsebrühe

300 g Sellerie, 1 Stange Lauch, 1 Petersilienwurzel, 1 Zwiebel, 1 Pastinake, 200 g Möhren, 100 g Tomate, 100 g Champignons, Salz, 2 EL Pfefferkörner.

Das Gemüse putzen, würfeln oder in Scheiben schneiden. Alles in einen großen Topf geben und mit ca. 2 l Wasser, Salz und Pfefferkörnern zum Kochen bringen. Alles mindestens eine Stunde gut köcheln lassen. Die Brühe mit dem Gemüse auskühlen lassen. Dann das Gemüse aus der Brühe nehmen und anschließend die Brühe durch ein Tuch passieren. Sie kann für die weitere Verwendung entsprechend portioniert und eingefroren werden.

Fleischbrühe

1 kg Rinderbrust, 300 g Sellerie, 1 Lauchstange, 2 Möhren, 1 Petersilienwurzel, 2 l Wasser, Salz, 1 EL Pfefferkörner.

Die Rinderbrust in 2 Teile schneiden. Das Gemüse putzen und klein schneiden. Alles zusammen mit Wasser, Salz und Pfefferkörnern zum Kochen bringen. Die Hitze reduzieren. Mit einem Siebschöpfer den Schaum immer wieder von der Brühe schöpfen.
2 Std. garen – auch gerne mehr!
Das Fleisch aus der Brühe nehmen und die Brühe durch ein Tuch passieren. Das Fleisch kann weiter verwendet werden.

Varianten: Bei Hühnerbrühe ein Suppenhuhn verwenden.
Für Brühe aus Knochen werden ca. 1 bis 1,5 kg benötigt.

Kleine Kohlkunde

Kohl gibt es in vielen Sorten und Variationen. Auf der ganzen Welt wird Kohl in irgendeiner Form verzehrt. Hier folgt ein kurzer Überblick über die wichtigsten Kohlsorten.

Blumenkohl: Saison ist in Deutschland von Juni bis Oktober, im restlichen Jahr ist er aber aus anderen Ländern der EU erhältlich. Seinen Siegeszug trat der Blumenkohl über Italien im 16. Jahrhundert an. In der Küche findet der weiße, fest geschlossene Blütenstand Verwendung – er ist in die einzelnen Röschen teilbar.

Brokkoli: Ein Verwandter des Blumenkohls. An seinem breiten Strunk bilden sich kleine grüne Röschen, die bei frischer Ware fest geschlossen sind und keine Verfärbungen zeigen dürfen. Aufgrund seiner kurzen Garzeit eignet er sich für die schnelle Küche. Mildes, angenehmes Aroma.

Chinakohl: In China verzehrt man ihn bereits seit 1.500 Jahren, auf deutschen Äckern ist er ein Neuling und wird erst seit den 1970er-Jahren angebaut. Geschätzt wird er wegen seines hohen Vitamin-C-Gehalts und der sehr kurzen Garzeit. Chinakohl eignet sich für Gemüsegerichte, Salate, Eintöpfe und Wok-Gerichte.

Couve Galega: Ein Markstammkohl, wird in Deutschland oft nur als Futterpflanze verwendet und ist klein im Wuchs. In Portugal hat er seinen festen Platz in der Küche. Seine großen Blätter sind zum Einwickeln von Speisen sehr beliebt. Verwendet werden die

entstrunkten Blätter. In Südeuropa wird er gerne bis zu 2 m hoch. Kann in Deutschland als TK in portugiesischen Läden gekauft werden. Oder man baut ihn im eigenen Garten an.

Grünkohl: Ein Wintergemüse. Wächst palmenartig und hat krause Blätter. Es gibt unterschiedliche Sorten, z. B. auch mit rötlichen Blättern. Ein wahres Superfood, ein Alleskönner. Zur Zeit immer mehr im Kommen, da er nicht nur im typisch norddeutschen Grünkohlgericht Verwendung findet, sondern in Salaten, Suppen und vielem mehr. Als TK das ganze Jahr erhältlich.

Kohlrabi: Der Kohlrabi wird auch Oberkohlrabi, Oberrübe, Kohlrübe, Rübkohl und Stängelrübe genannt. Genutzt wird die verdickte, oberirdische Sprossachse. Es gibt viele Varianten – auch violette. Knackig, lecker, leicht süßlich. Im Kühlschrank länger haltbar. Im Mai bis November aus Deutschland und weiter fast das ganze Jahr aus anderen EU-Ländern erhältlich.

Kohlrübe/Steckrübe: Wird in Deutschland von September bis Dezember geerntet, ist aber auch länger erhältlich. Die äußere Schale ist weiß bis violett. Das Fruchtfleisch ist gelblich. Ein unterschätzter Alleskönner in der Küche! Die Knollen sind von weniger als 1 kg bis zu 3 kg erhältlich.

Pak Choi: Wie sein Name verrät, stammt der chinesische Senfkohl ursprünglich aus Ostasien und ist ein enger Verwandter des

Chinakohls. In Deutschland ist er über den gesamten Winter bis hin zum Frühjahr erhältlich – meist eingeführt. Im Gewächshaus gedeiht er wunderbar und wächst schnell. Nach 6–8 Wochen kann er geerntet werden. Es gibt normal großen Pak Choi, wesentlich zarter aber ist der Baby Pak Choi. Grundsätzlich sind Stiel und Blätter in der Küche verwendbar. Auf den ersten Blick wird er oft mit Mangold verwechselt. Er erfreut sich aufgrund seines milden Aromas und der kurzen Garzeit zunehmender Beliebtheit.

Palmkohl: Auch Schwarzkohl/Cavolo nero oder italienischer Kohl genannt. Der Name gehört auch hier zum Programm. Die krausen Blätter ähneln dem Wirsing. Der Wuchs ähnelt eher dem Grünkohl, aber er ist milder im Geschmack. Der Palmkohl ist von September bis April erhältlich. Ihn zu bestellen, sollte er nicht erhältlich sein, lohnt sich. Er ist sehr vielseitig – auch zu Pasta! Lässt sich im südlichen Portugal und in der Toskana finden.

Romanesco: Die hellgrüne Variante des Blumenkohls, aber milder im Geschmack. Kommt aus Italien und hat spitze grüne Röschen, die etwas druckempfindlich sind. Er verträgt keinen Frost. Aus Deutschland ab Mai, früher aus Italien erhältlich. Lässt sich gut einfrieren.

Rosenkohl: Haupterntezeit von September bis Dezember. Tiefgefroren ist er das ganze Jahr erhältlich. Die Rosen wachsen an einem langen Stamm. In der Küche werden nur die äußeren Blätter entfernt. Rosenkohl wird auch „Brüsseler Sprossen“ genannt.

<u>Rotkohl:</u> Der rote Bruder des Weißkohls. Ein Kopfkohl und leichter als Weißkohl. Die heimische Ernte gibt es ab September. Ein Lagerkohl. Gerne wird seine Vielseitigkeit in der Küche unterschätzt.
Zu langes Kochen zerstört seinen Vitamin-C-Gehalt. Besondere Frische erkennt man am glänzenden, knackigen Äußeren.

<u>Spitzkohl:</u> Sein Kopf ist nach oben hin spitz. Die einzelnen Blätter liegen locker übereinander und der Kohlkopf ist insgesamt nicht so schwer wie zum Beispiel ein Weißkohl. Außen grüne und innen eher helle Blätter. Spitzkohl hat eine kurze Garzeit. Sein Geschmack ist dezenter als Weißkohl. Ernte von Mai bis September.

<u>Weißkohl:</u> Ein äußerlich grüner Kopfkohl, innen hell und sehr fest. Je nach Sorte auch mehrere Kilogramm schwer. In der Küche werden die Blätter verwendet. Weißkohl hat einen ausgeprägten Kohlgeschmack. Es ist möglich, das Gemüse das ganze Jahr zu erhalten. Ein guter Lagerkohl.

<u>Wirsing:</u> Ein Verwandter des Weißkohls, der sich aber von ihm durch seinen zarten Geschmack und die krausen Blätter unterscheidet. Wie beinahe alle heimischen Kohlsorten wird er überwiegend im Herbst und Winter verzehrt und kann vielseitig in der Küche eingesetzt werden. Fast das ganze Jahr erhältlich.

Saisonkalender der verschiedenen Kohlarten

Im folgenden Saisonkalender können Sie ablesen, wann welcher Kohl gerade Hochsaison hat. Wer während der Saison kauft, lebt gesünder und umweltbewusster!

Heimische Kohlsorten müssen nicht aus dem Ausland her transportiert werden. Sie sollten auf natürlichem Wege an der Pflanze ausreifen, das verspricht einen intensiveren Geschmack.

Durch saisonales und regionales Einkaufen wird zudem der Schadstoffausstoß durch Transporte via LKW, Flugzeug und Schiff minimiert.

Nachfolgend sind die in den Rezepten verwendeten Kohlsorten mit der jeweiligen Saison aufgeführt.

keine Saison   *Vor- und Nebensaison*   *Hauptsaison*

Blumenkohl

Jan	Feb	Mär	Apr	Mai	Jun	Jul	Aug	Sep	Okt	Nov	Dez
□	□	□	□	□	■	■	■	■	■	□	□

Brokkoli

Jan	Feb	Mär	Apr	Mai	Jun	Jul	Aug	Sep	Okt	Nov	Dez
□	□	□	□	□	■	■	■	■	■	■	□

Chinakohl

Jan	Feb	Mär	Apr	Mai	Jun	Jul	Aug	Sep	Okt	Nov	Dez
□	□	□	□	□	■	■	■	■	■	■	■

Grünkohl

Jan	Feb	Mär	Apr	Mai	Jun	Jul	Aug	Sep	Okt	Nov	Dez
■	■	□	□	□	□	□	□	□	□	■	■

Kohlrabi

Jan	Feb	Mär	Apr	Mai	Jun	Jul	Aug	Sep	Okt	Nov	Dez
□	□	□	□	■	■	■	■	■	■	■	□

Kohlrübe/Steckrübe

Jan Feb Mär Apr Mai Jun Jul Aug Sep Okt Nov Dez

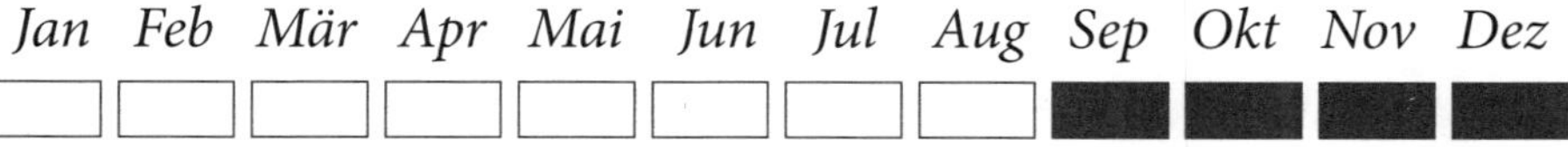

Pak Choi

Jan Feb Mär Apr Mai Jun Jul Aug Sep Okt Nov Dez

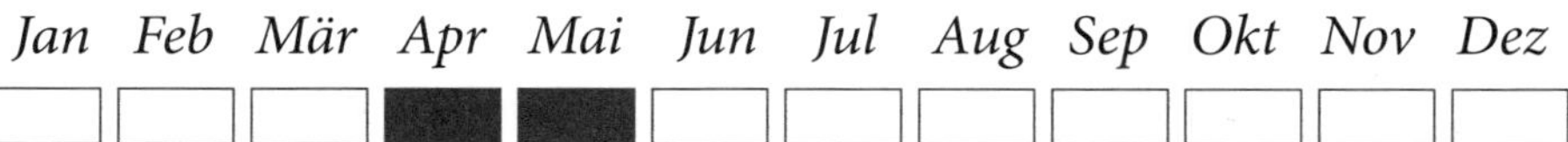

Palmkohl/Schwarzkohl

Jan Feb Mär Apr Mai Jun Jul Aug Sep Okt Nov Dez

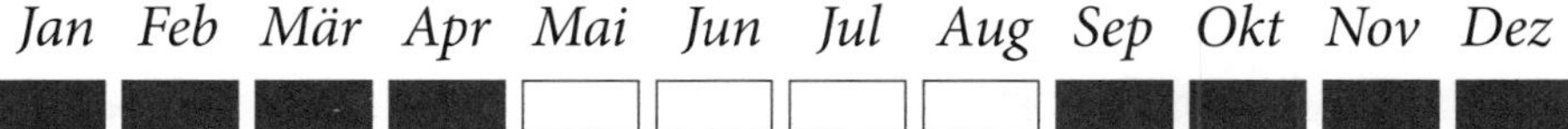

Romanesco

Jan Feb Mär Apr Mai Jun Jul Aug Sep Okt Nov Dez

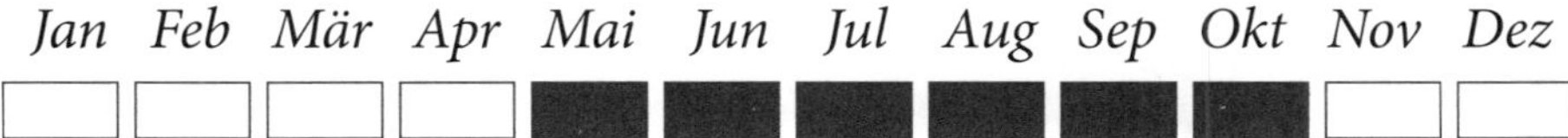

keine Saison *Vor- und Nebensaison* *Hauptsaison*

Rosenkohl

Jan	Feb	Mär	Apr	Mai	Jun	Jul	Aug	Sep	Okt	Nov	Dez
								■	■	■	■

Rotkohl

Jan	Feb	Mär	Apr	Mai	Jun	Jul	Aug	Sep	Okt	Nov	Dez
								■	■	■	

Spitzkohl

Jan	Feb	Mär	Apr	Mai	Jun	Jul	Aug	Sep	Okt	Nov	Dez
				■	■			■	■	▒	

Weißkohl

Jan	Feb	Mär	Apr	Mai	Jun	Jul	Aug	Sep	Okt	Nov	Dez
								■	■	■	

Wirsing

Jan	Feb	Mär	Apr	Mai	Jun	Jul	Aug	Sep	Okt	Nov	Dez
■								■	■	■	■

Kohl ist gesund? Aber klar!

Dass Kohl einen sehr hohen Gesundheitsnutzen hat, ist weit bekannt. Die Kreuzblütler sind die besten Rundum-Nährstoffbomben und finden schon seit Tausenden von Jahren Anwendung in der Volksheilkunde. Die Römer entwickelten beispielsweise eine Heilsalbe aus Fett und Asche vom verbrannten Kohl. Diese wurde dann zur Desinfizierung von Wunden verwendet.

Jedoch ist der Kohl, dem durch zahlreiche Studien eine therapeutische Wirkung nachgewiesen wird, in vielerlei Hinsicht gesund und gut für den Menschen. Durch den regelmäßigen Verzehr, empfehlenswert sind zwei bis drei Kohlgerichte die Woche, werden dem Körper Antioxidantien zugefügt und er erhält zudem noch viel Folat, Eisen und Kalium.

Kohl ist für die Ernährung somit ein unerlässlicher Bestandteil. In vielen Köpfen spukt jedoch noch das Vorurteil, dass Kohl hauptsächlich in vielen deftigen Gerichten verwendet wird. Dies ist natürlich richtig, allerdings ist Kohl an sich kalorienarm und eignet sich je nach Zubereitung hervorragend für die kalorienbewusste, fettarme Ernährung.

In der folgenden Tabelle wird aufgeführt, welche Hauptnährstoffe in welcher Menge in bestimmten Kohlsorten enthalten sind. Hier wird deutlich, wie viele gesunde Inhaltsstoffe im Kohl stecken.

Was ist drin im Kohl?

Sorte	Hauptnährstoffe (pro 100g)		Gesundheitsnutzen
Blumenkohl	kcal / kj Kalzium (mg) Eisen (mg) Zink (mg) Vitamin A (mg) Vitamin B6 (mg) Vitamin C (mg)	23/95 20,00 0,63 0,23 0,00 0,20 64,00	- Schutz vor Herzinfarkt und Schlaganfall - verringert das Risiko an Diabetes Typ ll zu erkranken - vermindert das Risiko gelenkschädigender rheumatoider Arthritis - geringe Menge an Kohlenhydrate und Protein und fast kein Fett; beeinflusst dahingehend die Verdauung gesamten Verdauungstrakt
Brokkoli	kcal / kj Kalzium (mg) Eisen (mg) Zink (mg) Vitamin A (mg) Vitamin B6 (mg) Vitamin C (mg)	33 / 138 56 1,7 0,6 0,14 0,18 87	- senkt das Krebsrisiko - Schutz vor Herzerkrankungen und Schlaganfall - vermindert die Entstehung von Katarakten - sehr nährstoffreich
Chinakohl	kcal / kj Kalzium (mg) Eisen (mg) Zink (mg) Vitamin A (mg) Vitamin B6 (mg) Vitamin C (mg)	12 / 51 40 0,6 41 1 0,12 26	- gute Quelle für Folsäure - gut für das Immunsystem - sehr kalorienarm - verdauungsanregend
Couve Galega / Markstammkohl	kcal / kj: Kalzium (mg) Eisen (mg) Vitamin A (mg) Vitamin B6 (mg) Vitamin C (mg)	30/126 232,00 0,50 0,00 0,20 35,20	- wirkt antioxidantisch (Vitamin K*) - verbessert die Fließeigenschaft des Blutes - entzündungshemmende Wirkung

Grünkohl	*kcal / kj* *Kalzium (mg)* *Eisen (mg)* *Zink (mg)* *Vitamin A (mg)* *Vitamin B (mg)* *Vitamin C (mg)*	*37 / 155* *212* *2* *0,33* *0,862* *0,271* *105*	*- roh eine gute Quelle für Folat* *- wirkt antioxidantisch (Vitamin K)** *- entzündungshemmende Wirkung* *- beugt Herzkrankheiten vor* *- verbessert die Fließeigenschaft des Blutes*
Kohlrabi	*kcal / kj* *Kalzium (mg)* *Eisen (mg)* *Zink (mg)* *Vitamin A (mg)* *Vitamin B (mg)* *Vitamin C (mg)*	*24 / 102* *68* *0,5* *0,3* *0,03* *0,12* *64*	*- enthält Selen für das Immunsystem* *- Eisen hilft bei der Blutbildung* *- positive Wirkung auf das Herz-Kreislauf-System* *- hoher Kalziumgehalt (gut für den Knochenbau)*
Kohlrübe/ Steckrübe	*kcal/kj:* *Kalzium (mg)* *Eisen (mg)* *Zink (mg)* *Vitamin A (mg)* *Vitamin B6 (mg)* *Vitamin C (mg)*	*27/115* *48,00* *0,45* *0,09* *0,02* *0,20* *33,00*	*- hoher Beta-Carotin-Gehalt; schützt die Augen* *- wenig Kalorien (hoher Wassergehalt) und trotzdem sättigend* *- drei starke Stoffe gegen Krebszellen* *- hoher Anteil an Kalium und Magnesium; sorgen für kräftige Muskeln und ein starkes Herz*
Pak Choi	*kcal / kj* *Kalzium (mg)* *Eisen (mg)* *Zink (mg)* *Vitamin A (mg)* *Vitamin B6 (mg)* *Vitamin C (mg)*	*12/50* *105,00* *0,30* *0,34* *0,07* *0,11* *26,00*	*- enthält kein Fett und sehr wenig Kalorien* *- hoher Anteil an Senfölen; natürliches Antibiotikum* *- verdauungsfördernd und entgiftend* *- wirkt antioxidantisch*

Palmkohl/ Schwarzkohl	*kcal / kj* *Kalzium (mg)* *Eisen (mg)* *Zink (mg)* *Vitamin A (mg)* *Vitamin B (mg)* *Vitamin C (mg)*	*37 / 155* *212* *2* *0,33* *0,862* *0,271* *105*	*– roh eine gute Quelle für Folat* *– wirkt antioxidantisch (Vitamin K)** *– entzündungshemmende Wirkung* *– beugt Herzkrankheiten vor* *– verbessert die Fließeigenschaft des Blutes*
Romanesco	*kcal / kj* *Kalzium (mg)* *Eisen (mg)* *Zink (mg)* *Vitamin A (mg)* *Vitamin B6 (mg)* *Vitamin C (mg)*	*23/95* *22,00* *0,51* *0,29* *0,00* *0,20* *64,00*	*– unterstützt die körpereigene Abwehr* *– dient dem Erhalt des Sehvermögens* *– unterstützt die Förderung des Zellwachstums* *– zarte Zellstrukturen; leicht verdaulich*
Rotkohl	*kcal / kj* *Kalzium (mg)* *Eisen (mg)* *Zink (mg)* *Vitamin A (mg)* *Vitamin B6 (mg)* *Vitamin C (mg)*	*23 / 95* *35* *1* *0,24* *0,003* *0,15* *50*	*– hoher Ballaststoffgehalt, verdauungsanregend* *– besitzt entzündungshemmende Eigenschaften* *– wirkt antioxidantisch (Vitamin K)** *– gut für das Immunsystem*
Rosenkohl	*kcal / kj* *Kalzium (mg)* *Eisen (mg)* *Zink (mg)* *Vitamin A (mg)* *Vitamin B6 (mg)* *Vitamin C (mg)*	*42 / 177* *26* *0,7* *0,59* *0,75* *0,3* *115*	*– trägt zu einer gesunden Blutbildung bei* *– gute Quelle für Folsäure* *– hoher Vitamin-C-Gehalt, gut für das Immunsystem* *– hoher Ballaststoffgehalt, verdauungsanregend*

Spitzkohl	*kcal / kj* *Kalzium (mg)* *Eisen (mg)* *Zink (mg)* *Vitamin A (mg)* *Vitamin B6 (mg)* *Vitamin C (mg)*	*23/96* *50,00* *0,50* *0,20* *0,03* *0,15* *60,00*	*- leicht bekömmlich* *- senkt den Cholesterinspiegel*
Weißkohl	*kcal / kj* *Kalzium (mg)* *Eisen (mg)* *Zink (mg)* *Vitamin A (mg)* *Vitamin B (mg)* *Vitamin C (mg)*	*25 / 104* *46* *1* *0,21* *0,012* *0,08* *46*	*- wirkt stark antioxidativ und entzündungshemmend* *- senkt den Cholesterinspiegel* *- gut gegen Verdauungsstörungen* *- enthält alle acht Aminosäuren, die durch die Nahrung aufgenommen werden müssen*
Wirsing	*kcal / kj* *Kalzium (mg)* *Eisen (mg)* *Zink (mg)* *Vitamin A (mg)* *Vitamin B (mg)* *Vitamin C (mg)*	*26 / 109* *47* *1* *0,3* *0,007* *0,13* *49*	*- hoher Eiweißgehalt* *- kalorienarm* *- gesunder Ablauf der Stoffwechselaktivität* *- hoher Vitamin-A-Gehalt, gut für die Sehkraft*
** Menschen die Blutverdünner einnehmen, müssen die Einnahme von Vitamin K beachten, da dieses zusätzlich blutverdünnend wirken kann.*			

*Hier sind einige **Erklärungen** zu den **Abkürzungen**,*
die verwendet werden:
Teelöffel: TL
Esslöffel: EL
Messerspitze: Msp.
Gramm: g
Kilogramm: kg
Milliliter: ml
Zentiliter: cl
Liter: l
Zentimeter: cm
Tiefkühlkost: TK
gerieben: ger.
gehackt: geh.
gewürfelt: gew.
Bund: Bd.

Temperaturtabelle für Backöfen

Alle Temperaturangaben im Buch beziehen sich auf Ober- und Unterhitze. Hier eine kleine Tabelle zur Verwendung von Umluft:

150 °C OBU = 140 °C Umluft
160 °C OBU = 145 °C Umluft
170 °C OBU = 155 °C Umluft
175 °C OBU = 160 °C Umluft
180 °C OBU = 165 °C Umluft
190 °C OBU = 170 °C Umluft
200 °C OBU = 180 °C Umluft
225 °C OBU = 200 °C Umluft
250 °C OBU = 220 °C Umluft

Temperaturen bei Gasöfen müssen den Herstellerangaben entnommen werden!

Suppen und Eintöpfe

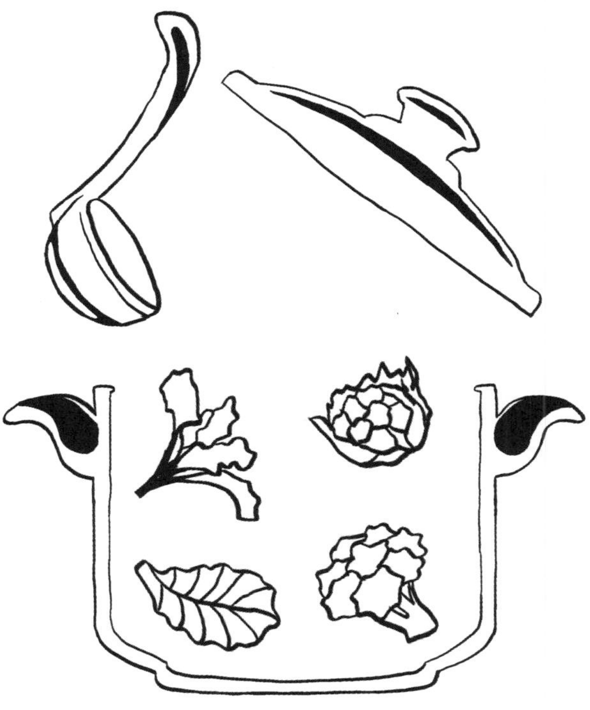

Palmkohl-/Schwarzkohleintopf Zuppa di patate e cavolo nero

2 Bd. Schwarzkohl, 2 milde Zwiebeln, 150 g milder Speck, 1 kg Kartoffeln (vorwiegend festkochend), 4 EL Olivenöl, 1,5 l Rinderbrühe, Salz, Pfeffer, Crostini.

Den Schwarzkohl waschen, den Strunk bis in die Blattspitzen entfernen und die Blattteile hacken. Die Zwiebeln und den Speck fein würfeln. Die Kartoffeln schälen und in kleine Würfel zerteilen. Das Olivenöl erhitzen und die Zwiebelwürfel zusammen mit den Speckwürfeln darin goldgelb anschwitzen.
Den Kohl und die Kartoffelwürfel zugeben und einige Minuten bei höherer Hitze andünsten. Alles mit der Rinderbrühe auffüllen und ca. 10 bis 15 Minuten köcheln lassen, bis die Kartoffelwürfel gar sind und der Eintopf sämig zu werden beginnt.

Alles mit Salz und Pfeffer abschmecken. Dazu Crostini reichen.

Tipp: In Italien werden rote Tropea-Zwiebeln für das Gericht verwendet.

Aus Italien, mitgebracht von Carlo Mineo von Andronaco.

Kokoszauber mit Rotkohl

1 Zwiebel, 4 cm Ingwer, 125 g Sellerie, 125 g Rote Bete, 375 g Rotkohl, 1 rote Chilischote, 100 g Kokosfett, Kreuzkümmel, Salz, Pfeffer, 4 EL Balsamicoessig, 700 ml Gemüsebrühe, 400 ml Kokosmilch, frisch geh. Koriander.

Die Zwiebel und den Ingwer schälen und fein würfeln. Den Sellerie und die Rote Bete ebenfalls schälen und würfeln. Den Rotkohl fein hobeln. Die Chili nach dem Waschen halbieren, die Kerne entfernen und klein schneiden. Das Fett in einem Topf erhitzen, Zwiebel und Ingwer zugeben und glasig dünsten. Sellerie, Rote Bete, Rotkohl und Chili ebenfalls zugeben. Alles gut vermengen und dünsten.

Das Gemüse mit Kreuzkümmel, Salz und Pfeffer würzen und mit Essig und Brühe ablöschen.
Alles ca. eine halbe Stunde leicht köcheln lassen, bis es wirklich weich ist. Mit einem Passierstab die Suppe sehr fein pürieren.
Die Kokosmilch zufügen und ggf. noch nachwürzen.
Mit gehacktem Koriander servieren.

Sollte die Suppe nicht dünn genug sein, mehr Gemüsebrühe zugeben.

Rosenkohlcremesuppe

400 g Rosenkohl, 2 Kartoffeln, Salz, 1 l Gemüsebrühe, 200 g Crème fraîche, Pfeffer, 2 reife Birnen.

Den Rosenkohl putzen. Die Kartoffeln schälen und vierteln. Den Kohl und die Kartoffeln in Wasser mit etwas Salz garen, bis sie weich sind. Das Wasser abgießen und das Gemüse fein pürieren. Die Brühe nach und nach zufügen. Dabei noch weiter mit dem Passierstab pürieren. Die Crème fraîche untermengen und die Suppe mit Pfeffer abschmecken. Die Birnen schälen, das Kerngehäuse entfernen und alles fein würfeln. Die Birnenwürfel 5–10 Min. vor dem Servieren zur Suppe geben.

Die Suppe ist optimal für die Resteverwertung geeignet.

Tipp: Mit einem kleinen Löffel geschlagener Sahne oder mit etwas frisch geschnittener Kresse servieren.

Variante: Kohlrabi statt Rosenkohl verwenden.

Steckrübencremesuppe

400 g Steckrübe, 150 g Kartoffeln, 1,2 l Brühe, 200 g Crème fraîche, Salz, Pfeffer, frisch ger. Muskatnuss, 4 EL gehobelte Mandeln, 4 EL geschlagene Sahne.

Die Steckrübe putzen und grob würfeln. Die Kartoffeln schälen und würfeln. Das Gemüse in einem Topf mit der halben Menge Brühe weichkochen. Alles gründlich und fein mit einem Passierstab pürieren. Die restliche Menge Brühe zufügen und die Crème fraîche zugeben. Alles miteinander vermengen und gut erhitzen. Mit Salz und Pfeffer abschmecken. Muskatnuss frisch darüber reiben. Die Mandelblättchen rösten.

Die Suppe mit geschlagener Sahne und Mandelblättchen servieren.

Varianten: Als Brühe passt jede Fleisch- oder Gemüsebrühe. Statt Kartoffeln kann auch Kürbis verwendet werden.

Szegediner Gulasch nach Conny

250 g Zwiebeln, 600 g Rindergulasch, Meersalz, 40 g Butterschmalz, 1 EL Tomatenmark, 1 EL Paprikapulver edelsüß, 1 TL Paprikapulver rosenscharf, 600 ml Fleischbrühe, 500 g Sauerkraut, 200 g saure Sahne, 1 TL Stärke, Pfeffer.

Die Zwiebeln abziehen, halbieren und in Streifen schneiden. Das Gulasch in ca. 2 x 2 cm Stücke schneiden und mit etwas Salz in einer Schüssel mischen. Das Fleisch in zwei Portionen im Butterschmalz anbraten, aus dem Topf nehmen und zur Seite stellen. Im Bratfett die Zwiebeln anschwitzen, das Tomatenmark zufügen und 1–2 Min. unter Rühren miträsten. Das Paprikapulver zufügen und sofort mit etwas Brühe ablöschen. Das Fleisch zugeben. Das Sauerkraut etwas zerrupfen und auf das Fleisch geben. Die restliche Brühe zufügen. Im verschlossenen Topf 60–70 Min. bei mittlerer Hitze garen. Die saure Sahne mit Stärke und 1 EL Wasser verrühren und das Gulasch damit binden. Mit Salz und Pfeffer abschmecken.

Tipp: Fleisch aus dem Vorderviertel ist saftiger.

Variante: Ursprünglich wird das Gericht mit Schweinefleisch zubereitet. Zum Beispiel Schulter, Nacken oder Bauch. Hierbei reduziert sich die Garzeit um ca. 20 Min.

Cremige Brokkolisuppe

600 g Brokkoliröschen, 1 Zwiebel, 2 EL Rapsöl, 1 l Gemüsebrühe, 3 EL Frischkäse Doppelrahmstufe, Salz, Pfeffer, 4 EL Kürbiskerne, 4 EL Kürbiskernöl.

Den Brokkoli putzen, waschen und in Röschen zerteilen. Die Zwiebel häuten und fein würfeln. Das Rapsöl erhitzen und die Zwiebelwürfel darin glasig dünsten. Die Brokkoliröschen zugeben und kurz mitdünsten. Die Gemüsebrühe zugeben und alles abgedeckt 12–14 Min. köcheln lassen. Danach mit einem Passierstab fein pürieren.

Den Frischkäse untermischen und die Suppe mit Salz und Pfeffer abschmecken.

Die Kürbiskerne anrösten und auf der Suppe verteilen. Das Kernöl in „Straßen“ auf die Suppe ziehen.

Variante: Statt Frischkäse kann auch Kräuterschmelzkäse verwendet werden.

Sauerkrautsuppe

100 g durchwachsener Speck, 2 Schalotten, 1 Knoblauchzehe, 300 g Kasslerlachs, 500 g Sauerkraut, 2 EL Rapsöl, 1 gehäufter EL Paprikapulver edelsüß, 1 l Fleisch- oder Gemüsebrühe, 200 g saure Sahne, 1 EL Tomatenmark, Salz, Pfeffer, brauner Zucker, 1 mittlere Kartoffel, 1–2 EL frisch geh. Petersilie.

Den Speck fein würfeln. Die Schalotten und den Knoblauch abziehen und ebenfalls fein würfeln. Das Kassler in mundgerechte kleine Würfel schneiden. Das Sauerkraut etwas zerschneiden. Die Flüssigkeit dabei auffangen.

Das Öl in einen Topf geben und den Speck darin auslassen. Die Schalotten und den Knoblauch zugeben und kurz glasig dünsten. Die Fleischwürfel kurz mitdünsten. Paprikapulver und Sauerkraut mit Sauerkrautflüssigkeit und Brühe zugeben. Etwas umrühren und bei geschlossenem Topf alles ca. 15 Min. köcheln lassen. Die saure Sahne und das Tomatenmark untermischen und die Suppe mit Salz, Pfeffer und Zucker abschmecken.

Die Suppe noch 10 Min. köcheln lassen. Die Kartoffel in die Suppe reiben und kurz köcheln lassen, bis alles abgebunden ist.

Mit Petersilie bestreut servieren.

Dazu sind kleine Roggen- oder Vollkornbrötchen sehr lecker.

Kohlrabisuppe mit Estragon

2 mittelgroße Kohlrabi (ca. 600 g), 500 ml Gemüsebrühe, 400 ml Milch, 200 ml Sahne, 6 Estragonzweige, 1 Spritzer Zitronensaft, etwas Kräutersalz, weißer Pfeffer, 2 EL geschlagene Sahne.

Die Kohlrabi schälen und putzen. Die zarten Blätter beiseitelegen. Die Kohlrabi würfeln und in der Gemüsebrühe in etwa 10 Min. bissfest garen. Die Kohlrabi zusammen mit der Gemüsebrühe und der Milch fein pürieren. Anschließend die Sahne zugeben. Die Suppe nochmals kurz erhitzen, aber nicht mehr kochen. Den Estragon waschen, trocken schütteln, die Blättchen vom Stiel zupfen und zusammen mit den jungen Kohlrabiblättern in feine Streifen schneiden. Alles in die Suppe geben. Die Suppe mit Zitronensaft und etwas Salz und Pfeffer abschmecken. Vor dem Servieren mit Sahnetupfern garnieren.

Tipp: Sollte die Estragonpflanze und entsprechend die Zweige sehr groß sein, erst einmal nur drei Zweige verwenden und dann den persönlichen Geschmack entscheiden lassen. Sollte kein frischer Estragon zur Verfügung stehen, kann auch getrockneter verwendet werden.

Grünkohlsuppe alt-holsteinisch

300 g Rinderhack, 1 Eigelb, 1 EL Semmelbrösel, Salz, Pfeffer, 350 g Grünkohl frisch oder TK, 250 g Sellerie, 1 Zwiebel, 1 EL Rapsöl, 1 l Brühe, 200 g Sahne, 3–4 EL blütenzarte Haferflocken, Salz, Pfeffer.

Das Rinderhack mit Eigelb und Semmelbröseln vermengen. Die Hackmasse mit Salz und Pfeffer abschmecken und daraus kleine Klößchen formen. Einen Topf mit Wasser und etwas Salz erhitzen und die Klöße darin garziehen lassen. Anschließend die Klöße aus der Kochbrühe nehmen, die Brühe durch ein Sieb passieren und dabei auffangen.

Den Grünkohl etwas zerkleinern. Den Sellerie putzen und im Mixer zerhacken. Die Zwiebel schälen und fein würfeln. In einem Topf das Rapsöl erhitzen und die Zwiebel darin glasig dünsten. Den Grünkohl zugeben und 5–10 Min. mitdünsten. Den Sellerie ebenfalls zugeben und alles mit der Brühe auffüllen. Die Suppe 30 Min. köcheln lassen, mit der Sahne auffüllen und die Klöße zugeben. Mit den Haferflocken abbinden – die Menge der Haferflocken nach der gewünschten Konsistenz wählen. Auch die Klößchenbrühe zugeben. Die Suppe mit Salz und Pfeffer abschmecken.

In früheren Zeiten wurde auch Schweinebrühe verwendet. Der Kohl wurde durch den Fleischwolf mit einer kleinen Scheibe gedreht. Dazu wurden Bratkartoffeln gereicht.

Mitgebracht von Elke Pingel aus Wiemersdorf

Portugiesische Couve Galega

500 g mehlige Kartoffeln, 4 EL Olivenöl, 2 l Gemüsebrühe, 2 Hände Couve Galega (ca. 400 g), Salz, Pfeffer, 200 g Chorizo-Wurst, Olivenöl.

Die Kartoffeln schälen und klein würfeln. Das Olivenöl in einem Topf erhitzen. Die Kartoffeln zugeben, kurz anschwitzen und mit 1 l Brühe auffüllen. Ca. 15–20 Min. köcheln lassen. Die Kartoffeln zerstampfen. Die Kohlblätter waschen, den Strunk entfernen und die Blätter in Streifen schneiden. Ein paar Streifen zur Seite legen. Die Kohlstreifen zur Suppe geben.
Die restliche Brühe zufügen. Einen Schuss Olivenöl dazugeben. Die Suppe ca. 20 Min. leicht köcheln lassen. Die Chorizo in Scheiben zugeben und in der Suppe garziehen lassen.
Die Suppe zum Schluss mit Salz und Pfeffer abschmecken

Varianten: Kohlrabiblätter, Palmkohl oder Grünkohl statt Couve Galega verwenden. Cabanossi statt Chorizo verwenden.

Tipps: Zusätzlich Olivenöl zur Suppe anbieten.
Sollte die Suppe zu dick sein, etwas mehr Brühe zugeben.

Couve Galega ist eine Form des Markstammkohls. In Portugal und in portugiesischen Läden in Deutschland kann er nicht nur frisch, sondern auch als TK gekauft werden.

Das Rezept kann von Region zu Region unterschiedlich sein.

Aus Portugal, mitgebracht von Natercia Maria Innocencio aus der Nähe von Porto.

Rübenmus mit geräucherter Hähnchenkeule

400 g Kartoffeln (mehligkochend), 400 g Kohlrübe, 400 g Möhren, 400 g Sellerie, Meersalz, 1 TL Pfefferkörner, 2 Lorbeerblätter, 4 Hähnchenkeulen geräuchert, 2 EL frisch geh. Petersilie.

Die Kartoffeln, die Rübe und die Möhren schälen und grob würfeln.
Den Sellerie schälen, in Scheiben schneiden und ebenso würfeln.
Dann das gesamte Gemüse in einen Topf geben und zu einem Drittel mit Wasser füllen.
Etwas Salz, Pfefferkörner und Lorbeerblätter zugeben.
Alles einmal aufkochen, dann die Hitze reduzieren und ca. 50 Min. leicht köcheln lassen. Ab und zu umrühren.
Das entstandene Kochwasser abgießen und auffangen.
Die Lorbeerblätter und auch die Pfefferkörner, sofern man sie findet, entfernen.
Den Gemüsetopf grob durchstampfen. Etwas von der Gemüsebrühe zugeben, bis das Mus die gewünschte Konsistenz hat. Den Topf zurück auf den Herd stellen, die Hitze etwas reduzieren.
Die Hähnchenkeulen auf das Mus legen und in der Wärme je nach Größe der Keulen ca. 15 Min. garziehen lassen.

*Mit Petersilie bestreut servieren.
Schmeckt auch vegetarisch ohne Fleisch!*

Tipp: Das Rübenmus in größerer Menge zubereiten. Das spart am nächsten Tag Zeit und oft schmeckt es dann noch besser. Das Erwärmen funktioniert prima in einer beschichteten Pfanne.

Variante: Statt geräucherter Hähnchenkeule geräucherte Putenbrust im Stück verwenden.

Information: Geräucherte Hähnchenkeule erhalten Sie bei gut sortierten Feinkosthändlern.

Glasnudelsuppe mit Gemüse (scharf)

6 getrocknete Tongupilze, 1 Bd. Suppengemüse, 100 g Weißkohl, 1 rote Paprikaschote, 100 g Austernpilze, 1,2–1,5 l Gemüsebrühe, 2 EL Sojasoße, ½ TL Sambal Oelek, 1 TL frisch ger. Ingwer, 50 g Glasnudeln, Salz, Pfeffer, 4 EL frisch geh. Koriander.

Die Tongupilze 2 Std. in Wasser einweichen. Das Suppengemüse putzen und fein würfeln, bzw. in Ringe schneiden. Den Weißkohl, die Paprikaschote und die Austernpilze in feine Streifen schneiden. 1,2 l Gemüsebrühe erhitzen und das Suppengemüse zugeben und garen. Die Hitze etwas reduzieren und nacheinander dann den Kohl, die Paprika- und die Austernpilzstreifen zugeben. Die eingeweichten Pilze ausdrücken, klein schneiden und zu den übrigen Zutaten geben. Sojasoße, Sambal Oelek und Ingwer zugeben. Die Glasnudeln in die Suppe geben und alles garziehen lassen. Mit Salz und Pfeffer abschmecken und mit dem Koriander bestreuen. Nach Geschmack die restliche Brühe zugeben.

Tipp: Mit mehr Brühe (Flüssigkeit) ist das Gericht eine Suppe. Ansonsten ähnelt es eher einem Eintopf.

Varianten: Fein geschnittenes Fleisch (Schwein oder Geflügel) passt auch. Statt mit Sambal Oelek kann ebenso mit Curry abgeschmeckt werden.

Borschtsch mit Tafelspitz

1 Bd. Suppengrün, 800 g Tafelspitz, Salz, 1 TL Pfefferkörner, 4 Schalotten, 200 g Möhren, 300 g Rote Bete, 300 g Kartoffeln, 400 g Weißkohl, 200 g Tomaten, 2 EL Butter, Salz, dunkler Balsamico, 250 g saure Sahne, geh. Petersilie.

Das Suppenbundgemüse putzen und klein schneiden. Den Tafelspitz mit dem Suppengemüse in einem Topf gut mit Wasser bedecken. Salz und Pfefferkörner zugeben und ca. 1,5 Std. köcheln lassen. In der Zwischenzeit die Schalotten abziehen und würfeln. Möhren, Rote Bete und die Kartoffeln schälen und würfeln. Den Weißkohl in Streifen schneiden. Die Tomaten je nach Größe vierteln oder achteln, dabei den Strunk entfernen.

Das Fleisch aus der Brühe nehmen und würfeln.

Die Brühe durch ein Sieb passieren und auffangen. Die Butter in einem Topf zerlassen. Das Gemüse darin andünsten und mit der Brühe angießen. 30 Min. leicht köcheln lassen.

Die Fleischwürfel zugeben und alles mit Salz, Balsamico und saurer Sahne abschmecken.

Mit Petersilie bestreut servieren.

Ostersuppe

3 Eier, 500 g Kohlrabi, 1 Kartoffel, 1 Zwiebel, 1 kleines Bd. Dill, 100 g Kochschinken, 2 EL Rapsöl, 1 EL Mehl, 1 l Gemüsebrühe, 200 g Crème fraîche, Salz, Pfeffer.

Die Eier hart kochen, auskühlen lassen, pellen und fein würfeln. Den Kohlrabi schälen, 4 EL raspeln, den verbliebenen würfeln. Die Kartoffeln schälen und würfeln, die Zwiebel würfeln, den Dill abbrausen und die Blätter hacken. Den Kochschinken fein würfeln. Das Öl erhitzen und die Kohlrabi-, Kartoffel- und Zwiebelwürfel darin anschwitzen. Das Mehl darüberstreuen und mit der Gemüsebrühe ablöschen. Dabei beständig rühren, damit sich keine Klümpchen bilden. Ca. 20 Min. garen.

Im Anschluss alles gut durchpürieren. Die Crème fraîche zusammen mit dem Dill unterrühren und mit Salz und Pfeffer abschmecken.

Mit Eierwürfeln, Dill, Kochschinken und dem geraspelten Kohlrabi bestreuen und servieren.

Pichelsteiner

400 g Rindergulasch, 300 g Möhren, 300 g Sellerie, 500 g Kartoffeln, 400 g Weißkohl, 4 Petersilienwurzeln, Salz, Pfeffer, frisch geh. Petersilie.

Das Gulaschfleisch in kleine mundgerechte Stücke schneiden. Die Möhren putzen und in Scheiben schneiden. Den Sellerie und die Kartoffeln schälen und ebenfalls in Scheiben schneiden. Dabei darauf achten, dass die Kartoffeln dicker sind als die Möhren und der Sellerie. Den Weißkohl in Streifen schneiden. Die Petersilienwurzeln schälen und auch in Scheiben schneiden.

Zuerst das Gulasch in einen Topf geben. Danach die Möhren, den Sellerie, die Kartoffeln, den Kohl und zuletzt die Petersilienwurzeln darauf schichten.
Wasser bis zur halben Schichthöhe angießen. Den Topf abdecken und bis kurz vor dem Kochen erhitzen. Dann die Hitze herunterregeln, sodass die Hitze gehalten wird, der Topf aber nicht überkocht. Geschlossen eine Stunde leicht köcheln lassen.
Dann vorsichtig mit einer Gabel das Fleisch prüfen. Evtl. die Kochzeit verlängern. Vor dem Servieren den Pichelsteiner Topf mit Salz und Pfeffer abschmecken.
Dann können auch vorsichtig die Schichten vermischt werden.

Mit Petersilie bestreut reichen.

Hähnchen-Gemüse-Topf

4 Hähnchenkeulen, 1,5 l Geflügelbrühe, 2 Lorbeerblätter, 3 Knoblauchzehen, 400 g Spitzkohl, 1 große gelbe Paprika, 4 reife Tomaten, 250 g Möhren, 1 kleine gelbe und 1 grüne gew. Zucchini, Salz, Pfeffer aus der Mühle, Chiliflocken, 1 Bd. Minze oder Zitronenmelisse.

Die Hähnchenkeulen abbrausen und am Gelenk in Ober- und Unterkeule zerteilen. Die Brühe mit Lorbeerblättern und den angedrückten Knoblauchzehen erhitzen und die Keulen darin ca. 25–30 Min. gar köcheln lassen.
Den Kohl vom Strunk befreien, schlaffe äußere Blätter entfernen und den Kohl in mundgerechte Streifen schneiden. Die Paprika putzen, halbieren und im Backofen übergrillen. Die Haut abziehen und das Fleisch grob würfeln. Die Tomaten je nach Größe vierteln oder achteln, die Kerne entfernen und zur Seite stellen.
Die Hähnchenteile, die Lorbeerblätter und den Knoblauch aus der Brühe heben. Die Brühe einmal durch ein Tuch passieren. Die in Scheiben geschnittenen Möhren und den Spitzkohl in der Brühe 15 Min. garen. Die Zucchinischeiben zugeben – 5 Min. garen. Keulen, Paprika und Tomaten zugeben, die Hitze etwas reduzieren und alles mit Salz, Pfeffer und Chiliflocken abschmecken. Die Minze abzupfen, hacken und zur Suppe geben. Wer es etwas flüssiger mag, kann die Menge der Brühe erhöhen. Dazu etwas Brot nach Wahl reichen.

Variante: Gemüsebrühe statt Geflügelbrühe verwenden.

Blumenkohl-Kartoffel-Suppe

600 g Blumenkohl, 300 g Kartoffeln, 1 Zwiebel, 1 Bd. glatte Petersilie, 25 g Butter, 1,1 l Gemüsebrühe, 100 ml Sahne, 100 ml Milch, 1 TL Salz, Pfeffer aus der Mühle, frisch ger. Muskat.

Den Blumenkohl in kleine Röschen zerteilen. Die Kartoffel schälen und in kleine Würfel schneiden. Die Zwiebel pellen und fein würfeln. Die Blätter von der Petersilie zupfen und hacken.

In einem Topf die Butter zerlassen und die Zwiebelwürfel darin glasig dünsten. Sie dürfen nicht braun werden. Den Blumenkohl und die Kartoffeln zugeben und 2–3 Min. mitdünsten. Gemüsebrühe, Sahne, Milch und Salz zugeben und 25 Min. köcheln lassen, bis das Gemüse weich ist. Nun die Suppe entweder fein pürieren oder mit einem Kartoffelstampfer zerstampfen. Mit Salz, Pfeffer und Muskat abschmecken und mit der gehackten Petersilie bestreuen.

Varianten: Noch 100 g klein gewürfelten Schinken zugeben. Dazu geröstete Weißbrotcroûtons anbieten.

Abends oder andere Anlässe

Puten-Burger

300 g Sauerkraut (mild), 4 EL Rapsöl, 2 gew. Zwiebeln, 1 EL geh. Petersilie, 1 TL Paprikapulver edelsüß, 1 TL körniger Senf, 1 EL Rapshonig, Salz, Pfeffer, 4 größere Roggenbrötchen, 4 Scheiben geräucherte Putenbrust (je ca. 100 g), 4 EL gew. Senfgurken, 4 TL Schnittlauchröllchen.

Das Sauerkraut gut wässern, durch ein Sieb abtropfen lassen und ausgiebig ausdrücken. Anschließend mit Küchenkrepp weiter trocken drücken. Das Öl in einer Pfanne erhitzen und die Zwiebeln darin glasig dünsten. Das Sauerkraut zugeben und unter Rühren braun anbraten. Petersilie, Paprikapulver, Senf und Honig zugeben. Alles kurz weiter schmoren und mit Salz und Pfeffer abschmecken. Die Brötchen aufschneiden. Das Sauerkraut auf die unteren Hälften verteilen, dann darauf die Putenbrust legen und diese mit den Gurkenwürfeln belegen. Die Burger auf Teller legen und die obere Brötchenhälfte auflegen. Den Schnittlauch auf und um das Brötchen verteilen und den Puten-Burger zügig servieren.

Tipp: Es passt noch ein Spiegelei auf die Putenbrust.

Varianten: Statt Putenbrust lassen sich auch dünn geschnittene Kassler- oder gebackene Baconscheiben verwenden.

Blätterteigpäckchen mit Spitzkohl

2 EL Rapsöl, 1 große fein gew. Zwiebel, ca. 250 g Spitzkohl, 40 g Pekannüsse, 1 reife Birne, 50 g Crème fraîche, Salz, Pfeffer, ger. Muskatnuss, 1 Eigelb, 4 rechteckige Scheiben Blätterteig (TK oder frisch).

Das Öl in einer Pfanne erhitzen und die Zwiebelwürfel darin glasig dünsten. Den Spitzkohl putzen, in feine Streifen hobeln und zu den Zwiebeln geben. Die Pekannüsse etwas zerkleinern und untermischen. Die Birne fein würfeln und zum Gemüse geben. Alles kurz schmoren. Die Crème fraîche untermengen und alles mit Salz, Pfeffer und Muskatnuss abschmecken. Die Füllung zur Seite stellen und etwas abkühlen lassen. Das Ei verschlagen.
Den Blätterteig auslegen und mit dem Ei den äußeren Rand rundherum bestreichen. Die Füllung im vorderen Bereich des Blätterteigstückes verteilen, umklappen und mit einer Gabel rundherum andrücken. Die Päckchen mit Ei bepinseln.
Im vorgeheizten Backofen bei 190 °C ca. 15 Min. backen.

Dazu passt ein Salat.

Tipp: Mehrere, dafür kleinere Päckchen zubereiten. So passen die Päckchen super auf ein Büfett!

Hot Burger

4 Roggenbrötchen oder andere Vollkornbrötchen, 200 g Spitzkohl, 2 EL Crème fraîche, 1 fein geh. Knoblauchzehe, Pfeffer, Salz, 1 Chilischote, 300 g Rinderhack, Fett zum Ausbraten.

Die Roggenbrötchen aufschneiden. Etwas Wasser zum Kochen bringen und salzen. Den Kohl in ganz feine Streifen schneiden und im Salzwasser 1 Minute köcheln lassen. Gut abtropfen und auskühlen lassen. Die Crème fraîche mit dem Knoblauch mischen und mit Pfeffer und Salz abschmecken. Die Chilischote putzen und sehr fein hacken. Das Hack mit der Chilischote mischen und mit Salz abschmecken. 4 Kugeln formen und flach drücken. Fett in einer beschichteten Pfanne erhitzen und die Patties von beiden Seiten knusprig braten.
Kurz vor dem Servieren den Kohl mit der Crème fraîche mischen, alles auf die unteren Brötchenhälften verteilen.
Die Patties darauflegen und die oberen Brötchenhälften aufsetzen.
Sofort servieren.

Tipp: Die Chilischote (abhängig von der Größe) in Portionen zufügen, um so die Schärfe der Hackmasse zu kontrollieren.

Varianten: Lecker auch mit Wild- oder Lammhack.

Kohlküchlein

Teig: 200 g Mehl, 200 g kalte Butter, 200 g Quark, Salz.

Belag: 300 g Rotkohl, 300 g Weißkohl, 2 EL Butter, 2 gew. Zwiebeln, 2 EL Honig, 4 EL Balsamicoessig, 100 ml Gemüsebrühe, Salz, Thymian, 250 g Sahne, 250 g körniger Frischkäse, 5 Eier, Pfeffer, 100 g Kürbiskerne.

Das Mehl, die Butter und den Quark zu einem glatten Teig verkneten und Salz zugeben. Eine Kugel formen, in Folie einwickeln und für 45 Min. in den Kühlschrank legen.

Den Rotkohl und den Weißkohl putzen und in Streifen schneiden. In 2 Töpfen jeweils 1 EL Butter geben und die Zwiebelwürfel von jeweils einer Zwiebel darin glasig dünsten. Jeweils eine Kohlsorte in einen Topf geben und ca. 4 Min. dünsten. Mit je 1 EL Honig, 2 EL Essig und 50 ml Brühe ablöschen und mit Salz und Thymian abschmecken. Kurz im geschlossenem Topf dünsten.

Etwas abkühlen lassen.

Die Sahne mit Frischkäse und Eiern gut verquirlen und mit Salz und Pfeffer abschmecken.

Den Teig zu einer länglichen Rolle formen und in 12 gleich große Stücke schneiden. Kreise ausrollen und jeweils 12 kleine

Tarteförmchen damit auslegen. 6 Formen mit der Rotkohlmischung und 6 Formen mit der Weißkohlmischung füllen und alles mit der Eiermischung angießen. Die Küchlein mit Kürbiskernen bestreuen und bei 200 °C 25 Min. backen.

Dazu passt ein Glas Weißer Burgunder!

Grüner Muffin-Traum

Muffins: 125 g Grünkohl, 1 Knoblauchzehe, 80 g weiche Butter, 1 Ei, 100 g Crème fraîche, ½ TL Salz, 125 g Dinkelmehl, 2 TL Backpulver.

Topping für die Muffins: 200 g Schlagsahne, gem. Chiliflocken, Salz, 1 Schale Kresse.

Den Grünkohl putzen und gründlich waschen. Die Blätter von den Stielen abstreifen. In sprudelnd kochendem Salzwasser 2 Min. blanchieren, abgießen, sofort mit kaltem Wasser abschrecken, abtropfen lassen. Mit einem Küchenkrepp nachtrocknen.
Den Knoblauch enthäuten, mit einem Mixer zerkleinern. Den Grünkohl hinzufügen und ebenfalls zerkleinern. Butter, Ei, Crème fraîche und Salz dazugeben und vermengen. Mehl und Backpulver mischen, mit der Grünkohlmasse mischen. Den Teig in 6 gefettete Muffinförmchen füllen und im vorgeheizten Backofen bei 180 °C ca. 20 Min. backen.

Die Sahne mit Chili und Salz steif schlagen. Die Kresse schneiden und untermischen.

Auf Tellern je einen kleinen Esslöffel der Würzsahne glattstreichen. Einen warmen Muffin darauf platzieren, das Topping auf den warmen Muffin geben und zügig servieren.

Englisches Kohlrabi-Carpaccio

3 kleine Kohlrabi, ca. 50 g harter Ziegenkäse, einige frische Thymianzweige, Saft von ½ Zitrone, 2 EL kalt gepresstes Rapsöl, Meersalz, Pfeffer aus der Mühle.

Den Kohlrabi schälen und mit einem Hobel oder einer Brotmaschine in sehr feine Scheiben schneiden.
Die Scheiben auf 4 Tellern überlappend anrichten. Darauf achten, dass die gesamte Fläche der Teller mit den Kohlrabischeiben bedeckt ist. Den Ziegenkäse darüberhobeln.
Die Thymianblätter von den Zweigen zupfen und etwas quetschen oder grob zerkleinern und auf den Tellern verteilen. Nacheinander Zitronensaft und Rapsöl auf dem Carpaccio verteilen, alles mit Salz und Pfeffer würzen und servieren.

Aus England, mitgebracht von Ariadne Freymuth.

Romanesco-Tortilla

Für 2 Personen als Hauptgericht, für 4 Personen als Vorspeise.

300 g Romanesco, 300 g frische Champignons, 3 EL Olivenöl, 2 gew. Schalotten, Salz, 6 Eier, 40 g ger. Parmesan, Pfeffer aus der Mühle.

Den Romanesco in kleine Röschen zerteilen und gut abbrausen. Die Pilze abbrausen und vierteln. Das Olivenöl in einer Pfanne erhitzen und darin die Schalottenwürfel glasig dünsten.

Den Romanesco zugeben und 5 Min. abgedeckt dünsten. Dabei ab und zu durchschwenken. Die Pilze untermischen und 3 Min. weiter dünsten. Mit etwas Salz würzen. Die Eier verquirlen, den Käse daruntermischen und mit Pfeffer und wenig Salz abschmecken. Das Eiergemisch über dem Gemüse verteilen und zugedeckt bei kleiner Hitze ca. 25 Min. stocken lassen.

Tipp: Eine ofenfeste Pfanne eignet sich sehr gut für die Zubereitung. Man kann sie für alle Arbeitsschritte einsetzen und abschließend die Tortilla darin im Backofen bei 180 °C ca. 30 Min. backen.

Varianten: Statt Romanesco kann auch Rosenkohl, Brokkoli oder Blumenkohl verwendet werden.

Spitzkohl-Flammkuchen

Teig: 300 g Weizenmehl (Typ 1050), ½ TL Salz, 4 EL Olivenöl, 20 g frische Hefe.

Belag: 500 g Spitzkohl, 1 EL Butter, 225 g Crème fraîche, 4 EL Sahne, Meersalz, Pfeffer aus der Mühle, 100 g Wasabi-Erdnüsse, 4 TL frisch ger. Meerrettich.

Das Mehl mit Salz und Olivenöl in eine Schüssel geben. Die Hefe zerbröckeln, mit 4 EL handwarmem Wasser glattrühren und zusammen mit 175 ml handwarmem Wasser zur Mehlmischung geben. Einen glatten Teig kneten, abdecken und eine halbe Stunde ruhen lassen. Den Ofen auf 250 °C vorheizen. In der Zwischenzeit den Spitzkohl putzen, den Strunk entfernen und in Streifen schneiden. Die Butter in einem Topf zerlassen und den Kohl darin bei mittlerer Hitze glasig dünsten. Er darf dabei gerne noch leicht Biss haben. Den Teig in 4 Teile teilen. 2 Backbleche etwas bemehlen. Auf jedem Blech je 2 längliche Fladen ausrollen. Die Crème fraîche mit Sahne, Meersalz und Pfeffer glattrühren und auf den 4 Fladen verteilen. Darauf den Kohl ohne Garflüssigkeit verteilen.
Im Backofen 10–12 Min. backen. Die Wasabinüsse grob zerdrücken und über den Flammkuchen verteilen. Danach auf jeden Flammkuchen den frisch geriebenen Meerrettich geben.

Tipp: Im Handel ist manchmal geriebener Steirischer Kren erhältlich – besonders lecker!

Grünkohltaschen

275 g Mehl, Salz, 3 Eier, 2 EL Öl, 200 g Grünkohl (frisch oder TK), 1 fein gew. Schalotte, 100 g magerer Quark, 75 g ger. Parmesan, 2 Eigelb, 1 EL Semmelbrösel, Pfeffer aus der Mühle, 75 g Butter, 4 EL frisch geschnittener Schnittlauch.

Mehl, etwas Salz, Eier und Öl zu einem glatten Teig verkneten und 30 Min. ruhen lassen. Den Grünkohl auftauen und gut ausdrücken. Sollte er zu grob sein, diesen noch etwas zerkleinern. Grünkohl, Schalottenwürfel, Quark, Parmesan, Eigelb und Semmelbrösel gut vermischen und mit Salz und Pfeffer aus der Mühle abschmecken.

In einer Nudelmaschine (Nudelwalze) den Teig bei mittlerer Stufe auswalzen und Kreise ausstechen. Diese sollten nicht größer als 10 cm im Durchmesser sein. Auf jede Kreishälfte einen kleinen Löffel der Füllung geben. Umklappen und mit einer Gabel rundherum andrücken. So verfahren, bis der Teig und die Füllung aufgebraucht sind.

Einen Topf mit leicht gesalzenem Wasser zum Sieden bringen und die Taschen darin 6–7 Min. garziehen lassen. Die Butter zerlassen und unter Rühren bräunen. Die Taschen auf Teller verteilen, mit Butter beträufelt und Schnittlauch bestreut servieren.

Variante: Statt Grünkohl kann auch reines Steckrübenpüree verarbeitet werden. Dann mit Muskat abschmecken.

Krautburger

325 g Lammhack, 1 Ei, Salz, Pfeffer, Oregano, Öl, 300 g Sauerkraut, 1 EL Honig, ganzer Kümmel nach Geschmack, 100 g Fenchel, 150 g Sahnequark, 4 große Burgerbrötchen.

Das Lammhack mit dem Ei ausgiebig mit Salz, Pfeffer und Oregano mischen. 4 Patties formen und in Öl ausbraten. Dabei immer wieder flach drücken.
Das Sauerkraut etwas klein schneiden, mit Honig und Kümmel mischen und garen.
Den Fenchel reiben, mit Quark mischen und mit Salz und Pfeffer würzen.
Die Brötchen aufbacken. Auf die unteren Brötchenhälften 1 TL Fenchelquark streichen. Das abgetropfte Sauerkraut verteilen. Die Patties auflegen und den restlichen Quark auf die Steaks streichen.
Zuklappen und servieren.

Variante: Etwas gehackten Knoblauch zum Lammhack geben.

Brötchentraum

250 g Dinkelvollkornmehl, 250 g Weizenmehl, 1 Tüte Trockenhefe, ½ EL Salz, 150 g Frühstücksspeck, 2 Zwiebeln, 350 g Sauerkraut, ca. 225 ml handwarmes Wasser.

Mehl, Trockenhefe und Salz mischen. Den Speck fein würfeln. Die Zwiebel schälen und ebenfalls fein würfeln. Das Sauerkraut ein wenig ausdrücken, klein schneiden. Das Wasser zusammen mit Speck, Zwiebeln und Sauerkraut zugeben und alles gut verkneten. Der Teig sollte sich gut mit allen Zutaten verbunden haben.

Abgedeckt an einen warmen Ort stellen und 30 Min. gehen lassen. Dann wieder durchkneten, aus dem Teig Brötchen formen und auf ein vorbereitetes Backblech legen. Noch einmal 15 Min. gehen lassen. Im vorgeheizten Backofen bei 200 °C ca. 35 Min. backen.

Tipp: Das Rezept eignet sich auch für kleine Partybrötchen. Dann die Backzeit etwas reduzieren.

Grünkohl-Kuchen

800 g mehlige Kartoffeln, 4 Eigelb, 1 EL Zitronensaft, 2 EL Dinkelvollkornmehl, Salz, Pfeffer, Muskat, Fett für die Form, 500 g frischer Grünkohl, 3 EL Olivenöl, 2 gew. Zwiebeln, 2 gew. Knoblauchzehen, 125 g Crème fraîche, 1 EL Semmelbrösel, Salz, Pfeffer.

Die Kartoffeln schälen und weichkochen. Gut durchstampfen. Den Kartoffelstampf mit den Eigelben, Zitronensaft und Mehl mischen und mit Salz, Pfeffer und Muskat abschmecken. Eine Tarte- oder Springform ausfetten. ⅔ der Kartoffelmasse hineingeben. Dabei den Rand etwas erhöhen. Den Boden 18–20 Min. im Backofen bei 190 °C backen. In der Zwischenzeit den Grünkohl gut abbrausen und trocken tupfen oder trocken schleudern, von Stiel und Strunk befreien und kleiner schneiden. Das Öl in einer Pfanne erhitzen. Die Zwiebeln und den Knoblauch darin glasig dünsten. Dann den Grünkohl zugeben, alles zusammen dünsten, vom Herd nehmen und etwas zurückkühlen lassen. Mit der Crème fraîche und den Semmelbröseln mischen und mit Salz und Pfeffer abschmecken. Die Füllung auf dem Boden verteilen. Die restliche Kartoffelmasse in Teelöffeln daraufsetzen und die Flocken mit der Rückseite des Löffels glattstreichen, sodass sie sich im Idealfall verbinden und ein Deckel entsteht. Den Kuchen bei 190 °C 20 Min. backen.

Varianten: Statt Grünkohl passt auch Wirsing, Weiß- oder Spitzkohl.

Kohlrabi-Kuchen

500 g Kohlrabi, einige Kohlrabiblätter, 1 gew. Zwiebel, 80 ml Olivenöl, 1 TL geh. Salbei, 6 Eier, 150 g Mehl, 2 TL Backpulver, 1 TL Kurkuma, 150 g frisch gehobelter Parmesan, Salz, Pfeffer aus der Mühle, Butter für die Form, 6 EL Kürbiskerne (geröstet und etwas zerkleinert), 1 geh. Knoblauchzehe.

Den Kohlrabi schälen und in 1–1,5 cm große Würfel schneiden. Etwas leicht gesalzenes Wasser zum Kochen bringen und die Kohlrabiwürfel darin ca. 4 Min. garen. Dann gut abtropfen und abkühlen lassen. Die Zwiebelwürfel in 50 ml Olivenöl glasig dünsten und auch abkühlen lassen. In einer Schüssel Kohlrabi, Zwiebelgemisch, Salbei, Eier, Mehl, Backpulver, Kurkuma und Parmesan vermischen, mit Salz und Pfeffer abschmecken.
Den Rand einer Form ausbuttern und mit den Kürbiskernen ausschwenken. Kerne, die nicht haften bleiben, in der Form lassen.
Die Masse einfüllen und bei 190 °C ca. 50 Min. backen.
In der Zwischenzeit die Kohlrabiblätter waschen, trocken tupfen. Den Strunk entfernen und die Blätter in Streifen schneiden. Das restliche Öl erhitzen und darin die Kohlrabistreifen und den Knoblauch kurz dünsten.
Wenn der Kohlrabikuchen fertig ist, diese Mischung darübergeben.

Varianten: Brokkoli, Romanesco oder Blumenkohl statt Kohlrabi verwenden.

Gemüseomelett

Teig: 8 Eier, 70 g Mehl, 1 TL Backpulver, ½ TL Salz, 250 ml Milch, 6–8 EL Pflanzenöl zum Ausbraten.

Füllung: 175 ml Gemüsebrühe, 2 EL Tomatenmark, 2 EL Crème fraîche, 400 g kleine Brokkoliröschen, 125 g eingelegte rote Paprikastreifen, Salz, Pfeffer aus der Mühle.

4 Teller vorwärmen.
Die Eier gut verquirlen. Das Mehl und Backpulver dazusieben. Salz und Milch zufügen und aufschlagen, bis ein glatter Teig entstanden ist. 30 Min. quellen lassen.
Für die Füllung die Gemüsebrühe mit dem Tomatenmark und der Crème fraîche erhitzen. Den Brokkoli zugeben, 1–2 Min. dünsten. Die Paprikastreifen zugeben, mit Salz und Pfeffer abschmecken.

Für jedes Omelett 2 EL Öl erhitzen und so nach und nach in einer Pfanne 4 Omeletts zubereiten. Die fertigen Omeletts warm halten. Auf jeden Teller ein Omelett geben, auf die jeweils untere Hälfte die Füllung verteilen und dann umklappen. Zügig servieren.

Lässt sich prima vorbereiten!

Tipp: Auf jedes Omelett frisch gehobelten Parmesan geben und mit einem Kräuterzweig dekorieren.

Wirsing-Rosenkuchen

Teig: 50 g Butter, ½ Tüte Trockenhefe, 50 ml Wasser, 500 g Mehl, 1 Prise Zucker, 1 Prise Salz, 1 Ei, 150 ml Milch.

Füllung: 300 g Wirsing, 1 EL Butter, 1 gew. Zwiebel, 50 g fein gew. Speck, 1 TL Tomatenmark, Salz, Pfeffer, Paprikapulver edelsüß, 1 Ei, 1 EL Semmelbrösel, Backpapier, Fett für den Rand einer 26/28er Springform, 1 EL zerlassene Butter.

Für den Teig die Butter zerlassen. Die Hefe in Wasser auflösen. In einer Schüssel das Mehl mit der Butter, dem Hefegemisch, Zucker, Salz, Ei und Milch gut miteinander zu einem glatten Teig verkneten und abgedeckt mindestens eine halbe Stunde gehen lassen.

In der Zwischenzeit den Wirsing putzen, entstrunken und sehr fein schneiden. Die Butter in einem Topf zerlassen, darin die Zwiebelwürfel und den Speck andünsten. Den Wirsing zugeben und immer wieder gut umrühren. Dazwischen den Topf abdecken. Wenn der Kohl weich ist, das Gemisch gut mit Tomatenmark, Salz, Pfeffer und Paprikapulver abschmecken und zurückkühlen lassen. Dann das Ei und die Brösel untermischen.

Den Teig noch einmal mit der Hand durchkneten und rechteckig (ca. 50 x 40 cm) dünn ausrollen. Die Füllung darauf verteilen und aufrollen.

Backpapier in eine Springform einklemmen und den Rand ausfetten.

Ca. 8 kleine Rollen abschneiden und aufrecht in der Form verteilen. Den Wirsing-Rosenkuchen mit der zerlassenen Butter beträufeln. Bei 165 °C 50 Min. backen.

Dazu passt eine pikante Quarkcreme oder helle Soße.

Steckrübenecken mit Apfel-Walnuss-Dip

800 g Steckrübe, 6 EL Olivenöl, grobes Meersalz, getrocknete Chiliflocken, 1 Apfel (Elstar), 6 Datteln, 400 g Naturjoghurt, 40 g geh. Walnüsse, 1 TL Honig, 1 TL Limettensaft, Pfeffer aus der Mühle.

Die Steckrübe putzen, schälen und danach vierteln. Von den Vierteln 1,5 cm breite Spalten quer herunterschneiden. Die Spalten auf ein mit Backpapier ausgelegtes Backblech legen. Das Olivenöl mit etwas Meersalz und Chiliflocken vermischen und auf den Spalten verteilen. Im vorgeheizten Backofen bei 190 °C ca. 25 Min. backen. Dabei ab und zu umdrehen.

Den Apfel schälen und in feine Stifte hobeln. Die Datteln fein würfeln. Die Apfelstifte und die Dattelwürfel mit Joghurt, Walnüssen, Honig und Limettensaft gut vermischen und mit Salz und Pfeffer abschmecken.

Die fertigen Rübenspalten auf einer vorgewärmten Platte anrichten und in der Mitte eine kleine Schale mit dem Dip platzieren.

Tipp: Frisch gehackte Kräuter über die Steckrübenecken streuen.

Grünkohlpesto

100 g Grünkohl, 2 gew. Schalotten, 1 EL Olivenöl, 4 EL Kürbiskerne, 125 g Parmesan, 125 ml Olivenöl, 50 ml Kürbiskernöl, grobes Meersalz, Pfeffer aus der Mühle.

Den Grünkohl vom Strunk befreien. Etwas Wasser mit Salz zum Kochen bringen und den Kohl 2 Min. darin köcheln lassen. Herausnehmen, abtropfen lassen und zusätzlich etwas trocken drücken.
Die gewürfelten Schalotten im Olivenöl glasig dünsten, zur Seite stellen und abkühlen lassen.
Die Kürbiskerne in einer beschichteten Pfanne ohne Fett rösten und abkühlen lassen. Den Parmesan reiben.

Mit einem Stabmixer den Grünkohl mit den Kürbiskernen, Olivenöl und Kürbiskernöl zerkleinern und gut vermengen. Den Parmesan, das Kürbiskernöl und die Zwiebeln zugeben und alles mit Meersalz und Pfeffer aus der Mühle abschmecken.

Passt zu Pasta, als Aufstrich zu geröstetem Brot und zu Pellkartoffeln.

Variante: Etwas frischen Knoblauch zugeben.

Grünkohl-Tomaten-Brote

400 g Dinkelvollkornmehl, 100 g Weizenmehl, ½ TL brauner Zucker, Salz, 1 Würfel Hefe, 200 g getrocknete Tomaten in Öl, 200 g Grünkohl, 100 g Frischkäse, Pfeffer aus der Mühle, Fett für die Formen, 1 Ei.

Das Dinkelmehl und das Weizenmehl mit Zucker und Salz mischen. Den Hefewürfel in ein Gefäß bröckeln und 250 ml handwarmes Wasser zugeben. Den Hefewürfel darin auflösen und zur Mehlmischung geben. Alles gut verkneten, bis ein glatter Teig entstanden ist. Abgedeckt an einem warmen Ort ca. 1 Std. gehen lassen.

Die Tomaten fein würfeln. Den Grünkohl entstrunken, waschen und in etwas gesalzenem Wasser 3 Min. sieden lassen. Abgießen, ausdrücken und grob hacken. Tomatenwürfel, Grünkohl und Frischkäse gut vermischen und mit Salz und Pfeffer abschmecken. Den Teig zu Rechtecken ausrollen. Der Teig sollte etwa 1 cm dick sein. Die Formen ausfetten. Je nach gewünschter Größe der Brote eine große oder auch mehrere kleine Formen verwenden.

Auf den Teigrechtecken das Frischkäsegemisch verteilen und von der langen Seite her aufrollen. Die Teigrollen in die Formen legen. Das Ei verschlagen und die Brote damit bestreichen. Noch einmal 15 Min. ruhen lassen. Im vorgeheizten Backofen bei 190 °C 40 Min. backen.

Kohlrabistifte im Baconmantel

4 TL Sonnenblumenkerne, ca. 600 g Kohlrabi, Salz, 2 Packungen Bacon á 80 oder 100 g, Öl zum Ausbacken.

Die Sonnenblumenkerne in einer beschichteten Pfanne ohne Fett anrösten. Den Kohlrabi schälen und in ca. 2 cm dicke Stifte schneiden. Etwas Wasser mit wenig Salz zum Kochen bringen und die Kohlrabistifte darin 3 Min. garen. Der Kern der Stifte sollte unbedingt fest bleiben. Gut abtropfen lassen.
Evtl. mit einem Küchenkrepp nachtrocknen. Jeden Stift mit einer Baconscheibe umwickeln und in Öl ausbacken.

Jede Portion mit Sonnenblumenkernen bestreut anreichen.

Tipp: Feldsalat mit einem einfachen Dressing dazu reichen.

Bunte Brokkoli-Terrine

Selleriecreme: 350 g Sellerie (geputzt gewogen), 6 EL Schlagsahne, 1 gehäufter EL Maisstärke, 30 g Butter, 1 TL Zitronensaft, 4 Eiweiß.

Möhrenpüree: 350 g Möhrenwürfel, 1 EL Maisstärke, 4 Eigelb, 1 TL Ahornsirup, Salz, Pfeffer aus der Mühle.

8 Kohlrabiblätter, ca. 8 Brokkoliröschen, Butter für die Form.

Für die Selleriecreme den Sellerie in Würfel schneiden und in leicht gesalzenem Wasser weichkochen. Aus dem Wasser heben, dabei das Wasser behalten.
Den Sellerie in einem kleineren Topf mit der Sahne und der Stärke einkochen, in einem Mixer mit der Butter fein pürieren und auskühlen lassen. Zitronensaft und Eiweiß einrühren.

Für das Möhrenpüree die Möhrenwürfel im Selleriewasser weichkochen. Aus dem Wasser nehmen und abdampfen. Stärke dazugeben und pürieren. Die Eigelbe und den Ahornsirup zugeben und mit Salz und Pfeffer abschmecken.

Die Kohlrabiblätter kurz im Gemüsewasser garen und dann abkühlen lassen. Die Brokkoliröschen 3 Min. im Wasser kochen.

Einen Bräter mit Wasser (bis zur halben Höhe der Form) im Backofen bei 190 °C aufheizen. Eine Kastenform oder Terrinenform mit Butter ausfetten und die Kohlrabiblätter sorgfältig einlegen. Die Selleriecreme einschichten. Dann die Brokkoliröschen mittig einlegen. Die Möhrencreme um und über den Brokkoliröschen verteilen und vorsichtig alles glattstreichen.

Die übrigen Kohlrabiblätter auflegen. Mit Alufolie (oder Deckel) verschließen. Die Terrine in das heiße Wasser stellen und im Ofen ca. 45 Min. garen.

Aus der Form stürzen, in Scheiben schneiden und servieren.

Varianten: Pak Choi- oder Palmkohlblätter statt Kohlrabiblättern verwenden.

Piroggen aus Estland

Teig: 50 g Butter, ½ Würfel Hefe, 50 ml Wasser 500 g Mehl, 1 Prise Zucker, 1 Prise Salz, 1 Ei, 150 ml Milch.

Füllung: 400 g Weißkohl, 1 gew. Zwiebel, 1 EL Butter, 1 Ei (hart gekocht), 1 Ei (roh), 15 g Semmelbrösel, 1 Möhre geraspelt, Salz, Pfeffer, Kümmel, Paprikapulver edelsüß, frisch geh. Kräuter nach Wahl, zerlassene Butter, Schmand.

Optional für Koch- und Backvarianten: Butter, Ei verquirlt.

Für den Teig die Butter zerlassen. Die Hefe in 50 ml Wasser auflösen. Butter, Mehl, Hefegemisch, Zucker, Salz, Ei und Milch zu einem glatten Teig kneten und abgedeckt 1 Std. gehen lassen.
Für die Füllung den Kohl putzen und sehr fein schneiden. Die Zwiebel in der Butter glasig dünsten. Den Kohl zugeben und unter Rühren glasig und weichdünsten. Alles gut auskühlen lassen. Das Ei fein hacken und zusammen mit dem rohen Ei, Semmelbröseln und Möhrenraspeln zum Kohl geben und gut mit Salz, Pfeffer, Kümmel, Paprikapulver und Kräutern abschmecken und vermengen. Aus dem Teig Kreise mit 10 cm Durchmesser und einer Dicke von 0,5 cm, besser noch dünner, ausrollen. In die Mitte etwas Füllung geben, zusammenklappen und mit einer Gabel rundherum andrücken.
Variante Kochen: Einen Topf mit gesalzenem Wasser zum Sieden bringen. Die Piroggen nach und nach ca. 8 Min. garen.
Mit zerlassener Butter und glattgerührtem Schmand servieren.

Variante Backen: Die Piroggen auf ein mit Backpapier ausgelegtes Backblech legen und mit verschlagenem Ei bepinseln. Bei 180 °C ca. 15 Min. backen. Schmand dazu reichen.

Variante mit Nudelteig:

Die Füllung wie im Grundrezept zubereiten. Einen Teig aus 500 g Mehl, 4 Eiern, Salz, 2 EL Öl und ca. 50 ml Wasser kneten und 30 Min. ruhen lassen. Aus dem Teig hauchdünne Streifen auswalzen. Das funktioniert am besten mit einer Nudelwalze. Kreise aus 10 cm Durchmesser ausstechen, füllen und am Rand mit einer Gabel andrücken.

Kochen: Im Wasser garziehen lassen und in Butter geschwenkt servieren.

Frittieren: Nach und nach die Nudelpiroggen in Öl ausbacken. So werden sie knusprig wie z. B. Frühlingsrollen. Auch hierzu Schmand reichen.

Bei der Füllung kann ebenfalls variiert werden. Fein gewürfelter Speck oder auch Hack passt prima zum Kohl.

In Estland werden Piroggen zu Familienfesten und besonderen Anlässen in sehr großen Mengen zubereitet. Das können bei der Füllung schon mal gut und gerne 1,5 kg Kohl sein! Schmand wird immer dazu gereicht.

Aus Estland, mitgebracht von Inga Reichold.

Karamellisierte Cavolo-nero-Würfel mit Halloumi

1 Bd. Cavolo nero (Palmkohl / ca. 18 größere Blätter), 250 g Halloumi, Cayennepfeffer, 2 EL Ahornsirup.

Die Palmkohlblätter vom Strunk bis zum Blattansatz befreien und im weiteren Blattverlauf glatt schneiden, in dem der Strunk flach geschnitten wird, um so die Blätter hinterher besser einrollen zu können. Einen Topf mit Wasser zum Kochen bringen. Die Kohlblätter darin 2 Minuten köcheln lassen und dann zügig mit kaltem Wasser abbrausen.

Den Halloumi in ca. 18 kleine Stücke/Würfel zerteilen. Auf jedes Blatt ein Stück Halloumi legen, mit Cayennepfeffer bestreuen und aufrollen. Den Ahornsirup in eine beschichtete Pfanne geben und erhitzen. Die Blattpakete im heißen Sirup wenden und servieren.

Passt prima zu Gegrilltem oder auf ein Büfett.

Variante: Paprika- oder Champignonscheiben mit aufwickeln.

Steiermark trifft Toskana – Palmkohl-Bruschetta

400 g Palmkohl, 1 großer säuerlicher Apfel, Rapsöl, 2 gew. Knoblauchzehen, 1 gew. Zwiebel, Salz, Pfeffer, 100 ml Gemüsebrühe, 12 halbierte Cocktailtomaten, 8 Scheiben geröstetes Weißbrot, 2 EL geh. Kürbiskerne geröstet, Kürbiskernöl, etwas Parmesan.

Die Palmkohlblätter bis in die Spitzen vom Strunk befreien. In kochendem Wasser 2–3 Minuten blanchieren. Nach dem Abschrecken mit einem Küchenkrepp trocken drücken und in Streifen schneiden. Den Apfel entkernen und mit Schale in feine Spalten schneiden. 3 EL Rapsöl in einer Pfanne erhitzen. Den Palmkohl darin 2 Minuten dünsten und durchschwenken. Knoblauch- und Zwiebelwürfel zugeben, salzen und pfeffern. Nach 5 Minuten mit der Brühe angießen. Weitere 5–10 Minuten köcheln lassen. Zum Schluss die Tomatenhälften nur kurz untermischen. In eine zweite Pfanne ein wenig Öl geben und die Apfelspalten kurz andünsten. Sie sollten nicht zu weich sein. Auf jeden Teller 2 Scheiben geröstetes Brot legen. Die Kohlmischung mit den Apfelspalten vorsichtig mischen und auf den Brotscheiben verteilen. Auf jede Scheibe einen Teelöffel Kürbiskernöl geben und jeden Teller mit Kernöl beträufeln. Zum Schluss etwas gehobelten Parmesan und die gerösteten Kürbiskerne über die angerichtete Bruschetta geben.

Variante: Statt Kürbiskernen Wallnusskerne verwenden!

Salatschleuder

Stampfsalat

600 g Weißkohl, Salz, 2 kleine Stangen Porree, 300 g Möhren, 2 Äpfel, 4 EL Weißweinessig, 4 EL Rapsöl, brauner Zucker, Pfeffer, 100 g fein gew. durchwachsener Speck.

Den Kohl sehr fein hobeln, mit Salz mischen und 1 Std. ziehen lassen. In der Zwischenzeit den Porree putzen und die hellen Bereiche in Ringe schneiden. Die Möhren und Äpfel schälen und raspeln. Den Kohl mit einem Stampfer, Fleischklopfer oder Ähnlichem glasig stampfen. Die Äpfel und Möhren zum Kohl geben. Essig und Öl dazugießen und den Salat mit Zucker und Pfeffer abschmecken. Alles gut durchziehen lassen. Erst kurz vor dem Servieren den Speck untermischen.

Fleischlose Alternative: Anstatt mit Speck den Salat mit gehackten Nüssen zubereiten.

Traum in Orange mit Chinakohl

800 g Chinakohl, 1 kleine Dose Mandarinen, 1 Kaki (oder Scharonfrucht), 1 Orange, 4 EL Walnussöl, 2 EL heller Balsamicoessig, weißer Pfeffer, evtl. flüssiger Honig.

Den Chinakohl putzen und in feine Streifen schneiden. Die Mandarinen gut abtropfen lassen, dabei den Saft auffangen. Die Kaki putzen, dünn schälen und das Fruchtfleisch würfeln. Die Orange mit einem scharfen Messer schälen. Die Filets aus der Frucht herausschneiden, bzw. herauslösen und etwas kleiner schneiden. Den Saft dabei auffangen. Chinakohl, Mandarinen, Kakiwürfel und Orangenstücke in einer Salatschüssel mischen. Öl, Balsamicoessig und Orangensaft mischen und mit dem Mandarinensaft, Pfeffer und evtl. Honig abschmecken.

Tipp: In der Regel enthalten die Früchte und Säfte genug Süße. Sollte das einmal nicht der Fall sein, einfach mit etwas flüssigem Honig abschmecken.

Wiemersdorfer Krautsalat

800 g Weißkohl, 3 Stangen Staudensellerie, 300 g Möhren, 3 EL brauner Zucker, 1 EL Salz, 4 EL Rapsöl, ½ Tasse Wasser, Pfeffer.

Den Weißkohl putzen, den Strunk dabei entfernen und dann fein hobeln. Die Selleriestangen waschen, die jeweiligen Enden frisch anschneiden und die Stangen fein in Scheiben schneiden. Die Möhren schälen und in mittlere Streifen hobeln. Das Gemüse in einer Schüssel mischen. Den Zucker und das Salz darüberstreuen, das Öl und das Wasser zugeben. Alles gut vermengen und mit Pfeffer abschmecken.

Tipp: Gleich eine größere Menge zubereiten, denn der Salat hält sich gut abgedeckt mehrere Tage frisch!

Variante: Ausgelöste Granatapfelkerne vor dem Servieren darüberstreuen – lecker, knackig und etwas fürs Auge!

Steckrübensalat

4 EL Kürbiskerne, 500 g Steckrübe, 250 g Möhren, 250 g Äpfel, Saft einer Zitrone, 2 EL brauner Zucker, 100 g Schmand, weißer Pfeffer.

Die Kürbiskerne in einer Pfanne anrösten und auskühlen lassen. Die Rübe putzen und in mittlerer Stärke raspeln, die Möhren schälen und auch raspeln. Die Äpfel schälen und rund um das Kerngehäuse herum raspeln.

Sofort alles zusammen in einer Schüssel mit Zitronensaft mischen. Den Zucker und den Schmand zugeben, alles vermengen und mit weißem Pfeffer abschmecken.

Vor dem Servieren die Kürbiskerne darüberstreuen.

Rotkohlhitze von Conny

650 g Rotkohl, 1 große rote Zwiebel, 8 Scheiben Bacon, 50 g Walnusskerne, 6 EL Walnussöl, 2 EL Apfelessig, 3 EL Wasser, 2 EL Rosinen, 1 TL brauner Zucker, 1 Msp. Piment, Salz, Pfeffer.

Den geputzten Rotkohl, die Zwiebel und den Bacon in feine Streifen schneiden. Die Nüsse grob hacken.

3 EL Walnussöl in eine beschichtete Pfanne geben, die Baconstreifen und Nüsse darin anrösten. Den Rotkohl und die Zwiebelstreifen zugeben und 5–7 Min. schwenken. Alles mit Essig und Wasser ablöschen.
Das restliche Öl und die Rosinen unterrühren und mit Zucker, Piment, Salz und Pfeffer würzen.
Den Rotkohlsalat noch warm in Portionsschälchen geben und servieren.

Tipp: Dazu passt geröstetes Roggenbrot.

Rotkohl-Linsen-Salat mit Gorgonzola

600 g Rotkohl, 500 ml Gemüsebrühe, 125 g rote Linsen, 1 feste Birne, 1 EL Zitronensaft, 50 g Walnusskerne, 4 EL Rotweinessig, 4 EL Apfelsaft naturtrüb, 2 EL Walnussöl, 2 EL Ahornsirup, Salz, Pfeffer, 100 g Gorgonzola.

Den Rotkohl putzen und in feine Streifen schneiden oder hobeln. Die Gemüsebrühe aufkochen und die Linsen darin ca. 4 Min. köcheln lassen. Anschließend abgießen und abkühlen lassen. Die Birne waschen, halbieren, das Kerngehäuse und den Stiel entfernen und in dünne Scheiben hobeln. Den Zitronensaft darüberträufeln und zur Seite stellen. Die Nüsse grob zerdrücken und in einer beschichteten Pfanne rösten. Essig, Apfelsaft, Öl und Ahornsirup gut vermischen und mit Salz und Pfeffer abschmecken. Rotkohl, Linsen und Nüsse in einer Schüssel vermischen. Die Birnenscheiben vorsichtig untermengen. Den Gorgonzola mit den Händen zerbröckeln und auf dem Salat verteilen.

Dazu passt etwas Baguette.

Sauerkraut-Rohkosttraum

450 g Sauerkraut, 2 Äpfel (Elstar), 2 feste Tomaten, 1 kleine grüne Paprika, ¼ Salatgurke (bio), 2 EL geh. Walnusskerne, 4 EL Apfelsaft, 6 EL Olivenöl, schwarzer Pfeffer, 1 Bd. geh. Petersilie.

Das Sauerkraut ausdrücken und klein schneiden. Äpfel, Tomaten und Paprika würfeln. Die Gurke vierteln, in kleine Stücke und dann in dünne Scheiben schneiden.
Alle festen Zutaten mit den Walnusskernen mischen.
Apfelsaft, Öl und Pfeffer zu einer Marinade verrühren und mit der Rohkost vermengen.
Mit der gehackten Petersilie bestreuen.

Dazu passt ein Stück geröstetes Roggenbrot.

Variante: 3 EL Crème fraîche untermischen.

Australischer Cole Slaw

Salat: 3 Stiele Staudensellerie, 2 rote Zwiebeln, 1 helle Zwiebel, 500 g Weißkohl dünn gehobelt, 2 Möhren dünn gestiftet, 100 g frisch ger. Parmesan.

Dressing: 225 g Mayonnaise, 3 TL Senfpulver, 1 EL brauner Zucker, 1 EL dunkler Balsamicoessig, 1 EL Zitronensaft, Meersalz, geschroteter Pfeffer.

Den Sellerie am Ende frisch anschneiden, die Fäden von jeder Stange abziehen und die Stangen in dünne Scheiben schneiden. Die Zwiebeln abziehen, halbieren und ebenfalls in Scheiben schneiden. Alles mit dem Weißkohl und den Möhren mischen und auf Tellern in einem Haufen anrichten, der noch Platz am äußeren Rand lässt.

Alle Zutaten für das Dressing mischen und mit Salz und Pfeffer abschmecken. Das Dressing in größeren Punkten um den Salat setzen. Dazwischen Parmesan esslöffelweise platzieren und den Cole Slaw servieren. Steht kein Senfpulver zur Verfügung, lassen sich gelbe Senfsamen im Mörser gut zu Mehl verreiben.

Tauschtipp: Im Original werden australische grüne Zwiebeln statt unserer roten Zwiebeln verwendet.

Aus Australien, mitgebracht von Alexandra Ridderbusch.

Warmer Blumenkohltraum

500 g Blumenkohl, 150 g Zuckerschoten, 125 g Cherrytomaten, Olivenöl, Saft einer halben Zitrone, grobes Meersalz, weißer Pfeffer aus der Mühle, etwas frische Kresse.

Den Blumenkohl in kleine Röschen zerteilen und in leicht köchelndem, gesalzenem Wasser 4 Min. ziehen lassen. Mit kaltem Wasser abschrecken. Die Zuckerschoten abbrausen und zweimal durchschneiden. Die Tomaten putzen und je nach Größe entweder ganz lassen oder halbieren.

Eine Porzellanschüssel im Ofen erwärmen. In einer Pfanne 4 EL Olivenöl erhitzen, die Zuckerschoten darin 3–4 Min. dünsten und in die angewärmte Schüssel geben. Die Tomaten im restlichen Öl 2 Min. dünsten. Mit einem Küchenkrepp die Pfanne auswischen und 2 EL Olivenöl zugeben. Den Blumenkohl darin kurz dünsten, er sollte seine weiße Farbe behalten. Anschließend in die Schüssel geben.

Den Zitronensaft mit 3 EL Olivenöl und weißem Pfeffer vermischen, über den warmen Salat gießen. Etwas grobes Meersalz über den Salat geben und mit Kresse bestreut servieren.

Grüner Chinakohlzauber

4 EL Kürbiskerne, 250 g Hokkaido- oder Butternutkürbis, 500 g Chinakohl, 1 rote Zwiebel, 4 EL Kürbiskernöl, 1 EL Honig, 2 EL dunkler Aceto Balsamico, Meersalz, Pfeffer aus der Mühle, 4 EL geschnittener Schnittlauch.

Die Kürbiskerne in einer beschichteten Pfanne rösten und abkühlen lassen. Den Kürbis putzen und in dünne Stifte hobeln. Den Chinakohl in Streifen schneiden. Dabei den groben Strunk, soweit es möglich ist, nicht verwenden oder einkürzen. Die Zwiebel schälen, halbieren und in feine Ringe schneiden.

Alle festen Zutaten, bis auf den Schnittlauch, in einer Schüssel gut vermischen. Öl, Honig, Balsamico gut vermischen und mit Salz und Pfeffer abschmecken.

Das Dressing über den Salat geben und den fertigen Salat mit Schnittlauch bestreuen.

Orangen-Rotkohl-Salat

450 g Rotkohl, 100 g Walnüsse, 1 Orange unbehandelt, 4 EL Ahornsirup, 2 EL Olivenöl, 2 EL dunkler Balsamicoessig, Meersalz, Pfeffer aus der Mühle.

Den Rotkohl putzen und in feine Streifen hobeln. Die Walnüsse in einer beschichteten Pfanne leicht rösten. Anschließend zerdrücken oder klein hacken und abkühlen lassen.

Von der Orange die Schale abreiben. Die Frucht schälen und filetieren. Dabei den austretenden Saft zum gehobelten Rotkohl geben. Die Orangenfilets ein- bis zweimal durchschneiden.

Rotkohl, Walnüsse und Orangenfilets in einer Schüssel vermischen. Aus Ahornsirup, Olivenöl, Balsamicoessig und der Orangenschale ein Dressing aufschlagen und mit Meersalz und Pfeffer abschmecken.
Das Dressing unter den Salat mischen und servieren.

Tipp: Dazu geröstetes Brot reichen.

Kohlrabisalat mit Senf-Dressing

1 Knoblauchzehe, 4 EL Orangensaft, 2 EL Apfelessig, 1 EL körniger Senf, 1 EL Akazienhonig, 1 EL getrockneter Estragon (oder frisch), 4 EL Walnussöl, Salz, Pfeffer aus der Mühle, 1 Kohlrabi (ca. 500 g), 50 g Rucola, 2 EL Walnüsse.

Den Knoblauch abziehen und würfeln. Knoblauch, Orangensaft, Essig, Senf, Honig und Estragon ausgiebig vermischen. Das Walnussöl nach und nach zugeben und das Dressing mit Salz und Pfeffer abschmecken.

Den Kohlrabi schälen, halbieren und an der schmalen Seite in feine Scheiben hobeln oder mit der Brotmaschine schneiden. Die Scheiben mit dem Dressing begießen und etwas ziehen lassen. Den Rucola von den Stielenden befreien, noch etwas kleiner schneiden und unter den Salat mischen. Mit gehackten Walnüssen bestreuen und servieren.

Variante: Das Grün vom Kohlrabi statt des Rucolas verwenden.

Tipp: Beim Dressing noch etwas Sambal Oelek oder frische Chili verwenden, den Salat auf kleine Gläser oder Schüsseln verteilen und dazu frisch gedünstete Garnelen am Spieß quer darüberlegen.

Kohlrübensalat mit Linsen

125 g Berglinsen, 2 Möhren, 1 Bd. Frühlingszwiebeln, 2 gew. Schalotten, 6 Datteln ohne Stein, 550 g Kohlrübe, 6 EL Rapsöl, 1 EL Limettensaft, 3 EL Ahornsirup, Salz, Pfeffer aus der Mühle.

Die Berglinsen ca. 30 Min. bissfest in etwas gesalzenem Wasser garen. Abtropfen lassen. Die Möhren schälen und fein würfeln. Die Frühlingszwiebeln putzen und in feine Ringe schneiden.
Die Linsen, Möhrenwürfel, Zwiebelringe und Schalottenwürfel vermischen. Die Datteln klein geschnitten zugeben.
Die Kohlrübe putzen und in kleine Stifte hobeln. Das Öl in einer Pfanne erhitzen und die Rübenstifte darin bissfest gar schwenken. Das übrige Gemüse kurz zugeben, durchschwenken und nach ca. 3 Min. in eine Schüssel geben. Limettensaft und Ahornsirup zugeben und den Salat mit Salz und Pfeffer abschmecken.

Tipp: Vor dem Servieren geröstete Weißbrotcroûtons über den Salat geben.

Variante: Statt Berglinsen können auch rote Linsen verwendet werden. Diese dann nur ca. 5 Min. in köchelnder Gemüsebrühe garen. Sie fallen leicht auseinander.

Spitzkohl-Grapefruit-Salat

600 g Spitzkohl, Salz, brauner Zucker, 2 EL Senf, 2 EL Akazienhonig, 1 EL Apfelessig, 4 EL Walnussöl, 2 Grapefruits, 1 Bd. Frühlingszwiebeln, 150 g Blauschimmelkäse.

Den Spitzkohl putzen, vom Strunk befreien und in feine Streifen schneiden. Mit Salz (ca. 1 TL) und braunem Zucker bestreut gut durchmischen und 60 Min. ziehen lassen.

Senf, Honig, Essig und Öl gut vermischen und zum Salat geben. Die Grapefruits schälen. Dabei den austretenden Saft auffangen und zum Salat geben. Seitlich mit einem Messer die Filets herausschneiden und die Kerne entfernen. Die Filets je nach Größe drei- bis viermal durchschneiden und zum Salat geben.

Die Frühlingszwiebeln putzen, in Ringe schneiden und unter den Salat mischen. Den Käse fein würfeln und über den Salat streuen.

Tipp: Den Käse etwas einfrieren, sodass er sich gerade noch schneiden lässt. Dann können ganz exakte Würfel geschnitten werden.

Varianten: Orangen statt Grapefruits verwenden.

Kartoffel-Rosenkohl-Salat

1 kg Kartoffeln, 500 g frischer Rosenkohl, Salz, 2 EL Pinienkerne, 1 Bd. Petersilie, 5 EL Rapsöl, 60 g ger. Hartkäse, 6 EL Olivenöl, Pfeffer aus der Mühle, 100 g gew. Bacon, 1 gew. Zwiebel.

Die Kartoffeln schälen und je nach Größe vierteln oder achteln. Den Rosenkohl putzen. Die Kartoffelspalten zusammen mit dem Rosenkohl und etwas Salz im Wasser bissfest garen. Alles abgießen und gut abtropfen lassen.
Die Pinienkerne in einer beschichteten Pfanne rösten. Die abgezupfte und gewaschene Petersilie gut trocken schleudern. 4 EL Rapsöl zusammen mit der Petersilie pürieren. Die Pinienkerne und den Käse mit dem Olivenöl zugeben und vermischen. Mit Salz und Pfeffer abschmecken. Die Petersilienpaste unter das Gemüse geben.

Im restlichen Öl den Bacon braten. Nach der halben Garzeit die Zwiebelwürfel zugeben und glasig dünsten.
Die Baconmischung unter den Salat mischen und ziehen lassen.

Variante: Kann auch vegetarisch ohne Bacon zubereitet werden.

Dänischer Grünkohlsalat

250 g frischer Grünkohl (obere zarte Triebe), 60 g Walnusskerne, 2 große reife Orangen, weißer Pfeffer aus der Mühle, Salz, brauner Zucker, 2 EL Olivenöl, 4 EL Granatapfelkerne.

Den Grünkohl von den Stielen befreien und etwas kleiner schneiden. Sehr kleine Blätter können evtl. ganz bleiben.
Die Walnusskerne in einer beschichteten Pfanne anrösten und anschließend klein hacken. Die Orangen schälen und dabei den austretenden Saft auffangen. Feine Scheiben schneiden und diese auf 4 Tellern verteilen.

Aus Orangensaft, Pfeffer, einer Prise Salz, einer Prise braunem Zucker und Olivenöl ein Dressing herstellen und in einer Schüssel mit dem Grünkohl vermischen. 15 Min. marinieren.
Das Grünkohlgemisch auf den Orangenscheiben verteilen. Mit Walnusskernen und Granatapfelkernen bestreuen und servieren.

Passt gut zu gebratener Entenbrust.

Aus Dänemark, mitgebracht von Wiebke Melgård.

Weißkohlsalat

800 g Weißkohl, 4 EL Sesam, 2 EL Rapsöl, helle Balsamicocreme, Pfeffer aus der Mühle.

Dressing für die kalte Variante: 1 EL Mayonnaise, 2 EL Zitronensaft, 200 ml Crème fraîche, 1 EL Zucker, 1 EL Chilisoße (gerne mehr), Salz, Pfeffer aus der Mühle.

Warmer Weißkohlsalat

Vom Kohl die äußeren Blätter und den Strunk entfernen und in Streifen schneiden. Den Sesam in einer beschichteten Pfanne rösten. Das Öl erhitzen und den Kohl darin glasig dünsten. Fortwährend umrühren, damit der Kohl nicht braun wird.
Vor dem Servieren mit Balsamicocreme und Pfeffer aus der Mühle abschmecken und mit Sesam bestreuen.

Kalter Weißkohlsalat

Den Kohl wie bei der warmen Variante dünsten und dann erkalten lassen. Mayonnaise, Zitronensaft, Crème fraîche, Zucker, Chilisoße, Salz und Pfeffer vermischen und unter den erkalteten Kohl und gerösteten Sesam geben.

Aus Dänemark, mitgebracht von Wiebke Melgård.

Lisas warme Palmkohlplatte mit Garnelen

1 große rote Paprikaschote, 2 Bd. Palmkohl/Schwarzkohl, 250 g Garnelenschwänze entdärmt (TK), 4 Knoblauchzehen, 4 EL Olivenöl, 1 EL Zitronensaft, Salz, Pfeffer, Cayennepfeffer, 100 g Schafskäse, 2 EL Milch, 2 EL geh. Salbeiblätter, 50 g Pinienkerne geröstet, etwas Brot.

Die Paprikaschote vierteln, putzen und auf ein mit Backpapier ausgelegtes Backblech mit der Innenseite nach unten legen. Im Backofen grillen, nach dem Erkalten die Haut abziehen und in kleinere Streifen schneiden.

Den Palmkohl bis in die Spitze entstrunken, sodass 2 Blatthälften entstehen. Diese wiederum noch einmal durchschneiden. Die Garnelenschwänze auftauen.

Den Knoblauch abziehen, fein hacken und zusammen mit 2 EL Olivenöl, Zitronensaft, etwas Salz, Pfeffer und Cayennepfeffer eine Marinade herstellen, die Garnelen darin einlegen.

Den Schafskäse mit einer Gabel zerdrücken und mit der Milch und den gehackten Salbeiblättern zu einer homogenen Masse vermischen.

4 EL Olivenöl in einer Pfanne erhitzen, den Kohl zugeben und durchschwenken. Er muss dann etwas zusammenfallen.

Noch 2–3 Minuten weiter garen. Mit Salz und Pfeffer abschmecken. Die marinierten Garnelen kurz erhitzen. Nicht zu lange, sonst werden sie trocken und zäh.

Auf einer Platte nun die Palmkohlmischung verteilen. Als Inseln die Schafskäsemischung auf den Palmkohl geben und diese mit den Garnelen und der Flüssigkeit garnieren. Zum Schluss mit Paprikastreifen dekorieren und alles mit Pinienkernen bestreuen.

Dazu Brot reichen.

Cole Slaw (Amerikanischer Krautsalat)

1 kleiner Kopf Weißkohl (ca. 1 kg), 1 säuerlicher Apfel, 1–2 große Möhren, 1 Gemüsezwiebel, 150 g Naturjoghurt, 3–4 EL Mayonnaise, 100 ml Sahne, 1–2 EL Apfelsaft, 1 Msp. Senfpulver, ½ TL gem. Kümmel, frisch gem. Pfeffer, Salz.

Den Kohl, den Apfel und die Möhren raspeln und miteinander vermengen. Die Zwiebel sehr fein hacken und unterheben. Den Joghurt, die Mayonnaise und die Sahne gründlich miteinander vermengen, den Saft und die Gewürze unterrühren und abschmecken. Mit dem Gemüse gründlich vermischen und am besten mehrere Stunden kalt stellen.

Schmeckt hervorragend zu gebratenem Huhn oder als Beilage zu Gegrilltem. Hält sich im Kühlschrank 2–3 Tage.

Aus den USA, mitgebracht von Johanna Neslusan (Nana), Webster, Massachusetts.

Alles Rolle

Wirsingrouladen mit Aprikosenfüllung

Für 4–6 Personen

1 rote gew. Zwiebel, 125 g fein gew. Tiroler Speck, 2 EL Butter, 2 altbackene helle Brötchen, 175 ml lauwarme Milch, 125 g Trockenaprikosen, 4 EL Kürbiskerne geröstet, je ein Bd. geh. Schnittlauch und Petersilie, 2 Eier, Salz, Pfeffer aus der Mühle, ca. 12 Wirsingblätter, Butterschmalz, 1 Bd. Suppengemüse (geputzt und gewürfelt), 450 ml Brühe nach Wahl, 175 ml trockener Rotwein, 1 EL Stärke.

Die Zwiebeln und den Speck in der Butter anbraten. Die Brötchen würfeln und mit Milch begießen. Die Aprikosen fein würfeln, 2 EL zur Seite stellen.

Die Kürbiskerne hacken. Die Brotwürfel mit der Hälfte der Zwiebelmischung, der größeren Aprikosenmenge, Kürbiskernen, Kräutern (bis auf 2 EL) und Eiern vermengen und mit Salz und Pfeffer abschmecken.

Die Wirsingblätter blanchieren, die Blattrippen flach schneiden und die Blätter mit einem Küchenkrepp abtupfen.
Je 2 EL Füllung auf 2 aneinandergelegte Kohlblätter geben, aufrollen und zubinden. Das Schmalz in einem Bräter erhitzen und die

Rouladen anbraten. Das gewürfelte Suppengemüse, Brühe und den Rotwein zugeben.

Zugedeckt im Ofen bei 180 °C 65 Min. schmoren. Die Rouladen herausnehmen, den Sud passieren, die restliche Zwiebelmischung und die Aprikosen zugeben. Die Soße mit der Stärke abbinden und auf vorgewärmten Tellern verteilen, die Rouladen dazulegen und mit Kräutern bestreut servieren.

Als Beilage eignet sich Kartoffelpüree.

Rotkohlrouladen mit Buchweizen

Für 4–6 Personen

100 g Buchweizen (geschrotet oder ganz), ca. 12 Rotkohlblätter, 1 altbackenes Vollkornbrötchen, 50 g gew. Schinken, 100 g fein gew. Sellerie, 400 g Rinderhack, 1 Ei, 1 TL scharfer Senf, 1 TL Tomatenmark, Salz, Pfeffer, Butterschmalz, 1 gew. Möhre, 1 gew. Schalotte, 700 ml Brühe nach Wahl, 2 TL Stärke.

Den Buchweizen am Vortag in reichlich Wasser einweichen.

Die Rotkohlblätter in Salzwasser 2 Min. kochen, in Eiswasser abschrecken und mit Küchenkrepp trocken tupfen. Hohe Blattrippen flach schneiden.

Den Buchweizen gut abtropfen lassen. Das Brötchen würfeln, mit Buchweizen, Schinken, Sellerie, Rinderhack, Ei, Senf und Tomatenmark mischen und mit Salz und Pfeffer abschmecken.

Je nach Größe die Füllung auf 1 Blatt Rotkohl oder auf 2 nebeneinander überlappend gelegte Blätter verteilen, aufrollen und zubinden.

Das Schmalz in einem Schmortopf erhitzen, die Rouladen anbraten. Die Möhren- und Schalottenwürfel zugeben und mit Brühe auffüllen.

Zugedeckt ca. 45 Min. köcheln lassen.

Die Rouladen aus dem Fond heben und den Fond passieren. Die Soße mit der Stärke abbinden. Evtl. mit Salz nachwürzen. Die Rouladen können in der Soße serviert werden. Dazu passt eine Kartoffelbeilage.

Tipp: Wenn eine Schwarte von geräuchertem Speck oder ein kleines Endstück vom Schinken vorhanden ist, dieses mitschmoren. Das ergibt eine feine Rauchnote in der Soße.

Chinakohlrouladen mit Tomatenpower

Ca. 8 Chinakohlblätter, Salz, Kümmel, 1 Chilischote, 3 Frühlingszwiebeln, 400 g Lammhack, 3 EL Tomatenmark, 1 Ei, Pfeffer, 1 gew. Zwiebel, 2 geh. Knoblauchzehen, 4 EL Olivenöl, 275 ml Weißwein, 1 EL Stärke.

Etwas Wasser mit Salz und Kümmel zum Kochen bringen und die Kohlblätter darin ca. 3 Min. kochen. Abschrecken und abtupfen. Die Chilischote und die Frühlingszwiebeln fein schneiden. Die Hälfte der Chili und die Hälfte der Frühlingszwiebeln mit dem Hack, 1 EL Tomatenmark und Ei verkneten. Mit Salz und Pfeffer abschmecken. Die Füllung auf die Kohlblätter verteilen, aufrollen und zubinden. Die Zwiebeln, übrige Chili und Knoblauch im Öl glasig dünsten. Die Rouladen zugeben. 2 EL Tomatenmark mit Wein vermengen und die Mischung zu den Rouladen geben. Zugedeckt ca. 35 Min. schmoren.

Die Rouladen herausnehmen. Die Stärke mit wenig Wasser anrühren und die Soße abbinden. Mit Salz und Pfeffer abschmecken.

Dazu passt Reis, Quinoa oder Couscous.

Graupenrouladen mit Wirsing

Für 6 Personen

75 g Perlgraupen, Salz, 1 großer Wirsing (ca. 24 Blätter), 4 Stiele Rosmarin, 500 g gemischtes Hackfleisch, 1 gew. Schalotte, 1 EL scharfer Senf, Pfeffer, 400 ml Rinderbrühe, 75 g Butter, 20 g Mehl, 150 ml Milch, 200 ml Sahne, 2 EL Chardonnay, 2 EL ger. Meerrettich, 2 EL Kapern, 2 EL Olivenöl.

Die Graupen in reichlich Salzwasser ca. 25 Min. garen. Die Blätter vom Wirsing lösen und in Salzwasser 5 Min. garen. Gut abtropfen. Die Rippen flach schneiden. Die Rosmarinnadeln hacken und mit Hack, Schalottenwürfeln, Senf und Graupen mischen. Alles gut mit Salz und Pfeffer abschmecken. Je 2 Blätter Kohl zusammenlegen und die Füllung darauf verteilen. Zusammenrollen und zubinden. Die Rouladen in eine Form setzen. Die Brühe mit 25 g Butter erhitzen und in die Form gießen. Im Ofen bei 200 °C ca. 25 Min. garen. Die übrige Butter zerlassen, das Mehl einrühren und alles mit Milch und Sahne ablöschen. Gut mit einem Schneebesen verrühren. Wein und Meerrettich zugeben und mit Salz abschmecken. Die Kapern im Öl andünsten. Die Rouladen mit den Kapern bestreuen und zusammen mit der Soße servieren. Dazu passt eine Kartoffelbeilage. Tipp: Sollte die Soße zu dick sein, etwas von der Kochbrühe einrühren.

Kürbisrouladen mit Chinakohl

Rouladen: 250 g gew. Kartoffeln, 50 g rote gew. Zwiebel, 125 g durchwachsener gew. Speck, 400 g Hokkaido-Kürbis, Salz, Pfeffer, ca. 8 Chinakohlblätter, 200 ml Kochwasser.

Apfel-Soße: 350 g Sahne, 1 Zweig Rosmarin, 1 gew. und geschälter Apfel (Boskop), 4 EL Milch, abgeriebene Schale von 2 Zitronen (bio), Salz, Pfeffer aus der Mühle.

Die Kartoffeln mit Zwiebelwürfeln und Speck ca. 13 Min. weichkochen, abgießen, dabei das Wasser auffangen. Die Kartoffeln gut abdampfen lassen. Den Hokkaido vom Stiel- und Blütenansatz befreien, in Spalten schneiden, die Kerne entfernen und im Backofen bei 170 °C Umluft ca. 20 Min. garen.
Das Kartoffelgemisch gut zerstampfen.
Den Kürbis ebenso stampfen und mit der Kartoffelmasse vermischen. Mit Salz und Pfeffer abschmecken. Vom Kohl die Blätter lösen, den Strunk entfernen und in Salzwasser 4 Min. garen. Gut abtropfen. Jeweils 2 Blätter zusammen oder nebeneinander legen und die Füllung darauf verteilen. Aufrollen, binden und in eine Form setzen. Die Kochflüssigkeit angießen und im Backofen bei 190 °C ca. 20 Min. garen.
Für die Soße Sahne, Rosmarin, Apfelwürfel, Milch und Zitronenschale zusammen 10 Min. leicht köcheln lassen. Den Rosmarinzweig entfernen und die Soße mit Salz und Pfeffer abschmecken.

Käse-Kohl-Rouladen

250 g Alpenweichkäse, ca. 12 Weißkohlblätter, Salz, 1 gew. Zwiebel, 1 EL Butter, 100 g Quinoa, 80 g fein gew. getrocknete Tomaten in Öl, 80 g gehobelte Haselnüsse, 1 Ei, Pfeffer, 4 EL Butterschmalz, 350 ml Brühe, 2 TL Kartoffelstärke.

Den Käse so gut es geht würfeln. Die Kohlblätter in Salzwasser 4 Min. blanchieren. Die Zwiebelwürfel in Butter glasig dünsten.

300 ml gesalzenes Wasser aufkochen und den Quinoa darin ca. 15 Min. auf kleiner Flamme garen. Den Käse, die Zwiebelmischung, den abgetropften Quinoa, die getrockneten Tomaten, 60 g Haselnüsse und das Ei vermengen. Alles mit Pfeffer und Salz abschmecken.

Jeweils 2 Kohlblätter zusammenlegen, füllen und binden. Im Butterschmalz alle Rouladen anbraten. Die Brühe angießen und die Rouladen abgedeckt ca. 20 Min. garen. Die Rouladen aus dem Sud nehmen, diesen mit der Kartoffelstärke abbinden. Die Rouladen mit den restlichen Haselnüssen bestreuen und servieren.

Dazu etwas geröstetes Graubrot reichen.

Kohlrouladen Berliner Art

1 Weißkohl (ca. 1–1,5 kg), Salz, 100 g klein gew. Speck, 2 gew. Zwiebeln, 150 g Geflügelleber, Thymian, weißer Pfeffer, 400 g gemischtes Hackfleisch, 1 Apfel, Lorbeerblätter, 100 ml Sahne, 500 ml Fleischbrühe, etwas Mehl.

Den Weißkohlkopf unten einmal glattschneiden. Den Strunk auslösen und welke Blätter entfernen. Einen großen Topf mit ca. 2 l Wasser und Salz zum Kochen bringen. Den Kohl mit der unteren Seite hineingeben, sodass er auf der Schnittfläche liegt. 20 Min. im geschlossenen Topf garen. Dann herausnehmen und die Blätter lösen. Den Speck in einer beschichteten Pfanne auslassen und zusammen mit den Zwiebeln glasig dünsten. Die Geflügelleber würfeln und zugeben. Die Mischung mit Thymian und Pfeffer abschmecken. Die Speckmischung zum Hackfleisch geben. Den Apfel schälen, würfeln, zur Hackmasse geben und alles gut vermischen. Evtl. mit Salz nachschmecken. Die Füllung auf den Kohlblättern verteilen, Rouladen formen und binden. Die Rouladen in einen Topf geben. Sahne, Brühe und 3 Lorbeerblätter zugeben und die Rouladen bei geschlossenem Topf 40–50 Min. garen. Den Sud abschmecken und mit Mehl andicken.

Dazu Salzkartoffeln oder Kartoffelpüree reichen.

Sauerkrautrouladen

4 Scheiben Schweinerouladen, ca. 600 g Sauerkraut, 12 Scheiben Bacon, Salz, Pfeffer, 3 EL Rapsöl, 300 ml Brühe, 2 Wacholderbeeren, 2 Salbeiblätter, 1 EL Butter, 1 EL Mehl, 4 EL Sahne.

Die Rouladen auslegen. Das Sauerkraut etwas ausdrücken und auf dem Fleisch verteilen. Je 3 Scheiben Bacon auf die Rouladen verteilen – salzen und pfeffern. Aufrollen und die Rouladen binden oder mit Holzspießen schließen. Das Öl erhitzen und die Rouladen darin kurz andünsten.

Die Brühe, Wacholderbeeren und Salbeiblätter zugeben und alles 30 Min. schmoren. Die Rouladen aus dem Sud heben und warm halten. Den Sud durch ein Sieb passieren.

Im Topf die Butter zerlassen, das Mehl einrühren und alles mit dem Schmorsud ablöschen. Beständig rühren. Die Sahne zugeben, evtl. mit Salz und Pfeffer abschmecken und die Soße zu den Rouladen servieren.

Dazu passt eine Kartoffelbeilage.

Lisas roter Rouladenzauber

1 Rotkohl, 1 altes Laugenbrötchen, 100 ml Milch, 400 g Rehhack, 1 Ei, 2 TL Thymian frisch u. gehackt, 2 fein geh. Schalotten, Salz, Pfeffer, 1 EL Butterschmalz, 250 ml Holundersaft, 250 ml Rotwein, 250 ml Glühwein, 1 EL Butter, 1 EL Mehl, 1 Prise Zimt.

Den Rotkohl putzen und mit der Schnittfläche nach unten in einen Topf geben. Mit Wasser auffüllen und etwa 20 Min. im geschlossenen Topf garen. Danach je nach Größe 4–8 Blätter lösen.

Das Brötchen klein würfeln und in der Milch einweichen. Zusammen mit Rehhack, Ei, Thymian und Schalottenwürfeln in eine Schüssel geben und ausgiebig mischen. Mit Salz und Pfeffer abschmecken. Die Füllung auf den Kohlblättern verteilen, aufrollen und zusammenbinden.
Das Butterschmalz erhitzen, die Rouladen darin kurz anbraten.
Den Saft, Wein und Glühwein zufügen und alles ca. 45 Min. garen.
Die Rouladen aus dem Sud nehmen und abgedeckt warm halten.
Den Sud passieren. In einem Topf den Sud noch weitere 10–15 Min. reduzieren. Die Butter zerlassen, das Mehl einrühren, den Sud zufügen. Gut rühren.
Die Soße mit Salz, Pfeffer und Zimt abschmecken.

Dazu passen ein Kartoffel-Sellerie-Püree oder Gnocchi.

Rotbarschroulade

4 Rotbarschfilets (á ca. 125 g), 3 EL Zitronensaft, Salz, ca. 8 Chinakohlblätter, 4 EL Frischkäse, 2 EL geh. Dillspitzen, 2 Lauchzwiebeln, Pfeffer aus der Mühle, 2 EL Butter, 300 ml Fischfond, 1 TL Krebssuppenpaste.

Die Rotbarschfilets abbrausen, trocken tupfen und in Zitronensaft marinieren.
In einem Topf mit gesalzenem Wasser die Chinakohlblätter 3–4 Min. garen, anschließend trocken tupfen.
Frischkäse, Dill und die in Ringe geschnittenen Lauchzwiebeln gut vermischen. Die Creme mit Salz und Pfeffer abschmecken.
Die Fischfilets abtropfen lassen. Jeweils 2 Kohlblätter zusammenlegen. Darauf ein Fischfilet legen und mit der Creme bestreichen. Das Paket zu einer Roulade aufrollen und zusammenbinden. Die Butter in einer Schmorpfanne zerlassen und die Rouladen darin von allen Seiten anbraten.
Den Fond und die Krebssuppenpaste zugeben und alles abgedeckt ca. 15–20 Min. bei niedriger Temperatur garen.

Dazu passt prima Kartoffelstampf.

Varianten: Seelachs- oder Lachsfilet statt Rotbarsch verwenden.

Schwedische Kohlrouladen aus Solleftea

Für 6–8 Personen

1 großer Weißkohlkopf, 1 kg Hack (gemischt), 100 g Reis, 2 Eier, Salz, Pfeffer, etwas Milch, Fett zum Anbraten, 3 Würfel Rinderbrühe, Sojasoße, Zuckerrübensirup, 200 g Sahne, Stärke zum Binden, Bindegarn.

Einen großen Topf mit gesalzenem Wasser zum Kochen bringen. Den Kohlkopf etwas eckig zurechtschneiden und mit der Unterseite abgedeckt im Topf garen, dabei immer wieder die Blätter lösen. Das Hack mit Reis und Eiern mischen und gut mit Salz und Pfeffer abschmecken.
Etwas Milch zugeben (ca. 100 ml oder mehr).

Die Füllung auf jeweils ein Kohlblatt geben. Die Menge an die Größe der Blätter anpassen. Aufrollen und binden.
In einem Topf das Fett erhitzen und die Rouladen darin nach und nach anbraten und wenden. Es darf eine leichte Bräunung entstehen. Alles gut mit Wasser bedecken und die Brühwürfel zugeben.

Abgedeckt 1–1½ Std. schmoren.

Etwas von dem Kochwasser abschöpfen und für die Soße durch ein Sieb passieren. Noch etwas einkochen lassen und mit Sojasoße, Sirup und Sahne abschmecken. Mit Stärke binden.

Dazu Kartoffeln reichen.

Tipp: Statt mit Wasser kann auch mit Brühe aufgefüllt werden. Dann die Brühwürfel weglassen oder nur in geringer Menge einsetzen.

Variante: Wild- oder Rinderhack statt gemischtem Hack verwenden.

Aus Schweden, mitgebracht von Ingrid Norberg und Magrit Jahnke.

Aus dem Ofen

Cannelloni auf Brokkoli

600 g Brokkoli, 600 g Tomaten, 1 fein gew. Zwiebel, 500 g grobe Bratwurstmasse, 1 Bd. geh. Petersilie, 12–14 Cannelloni, 30 g Butter oder Margarine, 15 g Mehl, 350 ml Milch, Salz, frisch ger. Muskatnuss, Pfeffer, 175 g gestifteter Gouda.

Den Brokkoli waschen und in kleine Röschen zerteilen. Die Tomaten waschen, in Scheiben schneiden und dabei den Strunk entfernen. Das Gemüse in einer Auflaufform verteilen. Die Zwiebel mit der Bratwurstmasse und der Petersilie mischen. Mit einem Teelöffel die Cannelloni mit der Masse füllen und in die Auflaufform legen. Das Fett in einem Topf zerlassen, das Mehl zufügen und unter ständigem Rühren mit der Milch ablöschen. Die Soße mit Salz, Muskatnuss und Pfeffer abschmecken und in der Auflaufform verteilen. Bei 190 °C 35 Min. backen. Alles mit Käse belegen und für weitere 15 Min. backen.

Varianten:
Statt Brokkoli Romanesco verwenden.
Statt Gouda Parmesan oder Mozzarella verwenden.
Statt Bratwurstmasse Hack vom Rind oder gemischtes Hack verwenden.
Oder als Lasagne zubereiten: Dazu Lasagneblätter verwenden und alles im Wechsel schichten. Knoblauch zugeben.

Herzhafte Wirsinglasagne

Für 6 Personen

1 kg Kartoffeln, ca. 800 g Wirsing, 100 g Bacon, 125 g durchwachsener gew. Speck, 3 EL Mehl, 800 ml Milch, 3 EL Rapsöl, 700 g gem. Hack, 1 große gew. Zwiebel, 1 kleine Dose Tomaten, Oregano, Salz, Pfeffer, 2 fein gew. Knoblauchzehen.

Die Kartoffeln in Salzwasser kochen, pellen und in Scheiben schneiden. Die Blätter vom Wirsing, die sich leicht lösen, in Salzwasser blanchieren. Den Kohlkopf im Salzwasser garen, sodass sich die übrigen Blätter auch lösen lassen.
Die groben Strunkteile von den Blättern entfernen.
Den Bacon in einer beschichteten Pfanne auslassen. Danach herausnehmen. Den Speck zugeben, ebenfalls im Baconfett auslassen, mit dem Mehl bestreuen und mit der Milch ablöschen.
Im Öl das Hackfleisch und die Zwiebelwürfel krümelig anbraten.
Die Tomaten aus der Dose würfeln, dabei die Flüssigkeit auffangen.
Mit Oregano, Salz, Pfeffer und Knoblauch abschmecken, die Tomatenflüssigkeit zugeben und etwas einkochen lassen. In einer Auflaufform im Wechsel erst die Soße, dann die Kartoffelscheiben, die Hackmasse und die Kohlblätter einschichten. Mit Kohlblättern und Tomatenstücken enden. Die Lasagne bei 190 °C ca. 45 Min. backen. Kurz vor dem Servieren mit den Baconscheiben belegen.

Dorsch auf Gemüsebett

800 g Dorschfilet, Saft einer Zitrone, Fett für die Form, 300 g Möhren, 300 g Porree, 300 g Sellerie, 300 g kleine Rosenkohlrosen, 350 ml Gemüsebrühe oder Fischfond, Salz, Muskat, weißer Pfeffer.

Den Dorsch waschen, trocken tupfen und ca. 10 Min. im Zitronensaft marinieren. Eine Auflaufform einfetten.

Die Möhren schälen und in feine Stifte hobeln – in die Form geben. Den Porree putzen, waschen und in feine Ringe schneiden – ebenfalls in die Form geben. Den Sellerie schälen, in sehr feine Würfel schneiden, 4 Min. leicht in Salzwasser köcheln – und in die Form geben. Den Rosenkohl putzen, große Köpfe halbieren und in Salzwasser 4 Min. leicht köcheln lassen – auch in die Form geben. Die Gemüsebrühe zugeben und alles mit Salz, Muskat und Pfeffer würzen.
Den Fisch trocken tupfen und auf das Gemüsebett legen.
Bei 180 °C ca. 30 Min. backen.

Dazu passen Pellkartoffeln.

Variante: Seelachs-, Rotbarsch- oder auch anderes Fischfilet statt Dorschfilet verwenden.

Wurstzauber

*600 g Weißkohl, 600 g Chinakohl, 2 Zwiebeln,
Pfeffer, 8 Wiener Würstchen,
300 ml kräftige Gemüsebrühe, Salz, 3 EL frisch geh. Petersilie.*

*Beide Kohlsorten putzen, den Strunk entfernen und in Streifen schneiden. Die Zwiebeln schälen und würfeln, mit dem Kohl mischen und das Gemüse in eine Auflaufform geben.
Etwas Pfeffer untermischen.*

Den Backofen auf 175 °C vorheizen. Die Würstchen zum Gemüse geben. Die Gemüsebrühe zufügen und die Form entweder mit einem Deckel oder mit Alufolie abdecken. Im Backofen für ca. 30 Min. garen.

Vor dem Servieren noch mit Salz abschmecken und mit der Petersilie bestreuen.

Dazu passen Salzkartoffeln oder geröstetes Schwarzbrot.

Putenkrach mit Rotkohl

1 kg Rotkohl, 1 Zwiebel, 3 EL Gänseschmalz, 1 Msp. Piment, 1 Msp. Nelkenpulver, 1 Lorbeerblatt, 250 ml Glühwein, 2 EL Balsamicoessig, Salz, Pfeffer, 250 g geräucherte Putenbrust im Stück, 4 milde Äpfel, 6 EL Preiselbeerkompott.

Den Rotkohl putzen, vierteln, den Strunk entfernen und in feine Streifen schneiden. Die Zwiebel schälen und hacken. Das Schmalz in einem Topf erhitzen und die Zwiebelwürfel darin glasig dünsten. Piment, Nelkenpulver, Lorbeerblatt und Glühwein zugeben und zugedeckt ca. 35 Min. garen. Den Essig zugeben und mit Salz und Pfeffer abschmecken.

In der Zwischenzeit die Putenbrust fein würfeln. Die Äpfel waschen und aushöhlen. Dazu sollte eine Hülle von ca. 1 cm Dicke stehen bleiben. Den Deckel der Äpfel zur Seite legen. Die Putenbrustwürfel mit dem Preiselbeerkompott mischen. Den Rotkohl in eine Auflaufform geben. Die Äpfel mit dem Puten-Preiselbeer-Gemisch füllen, die Apfeldeckel auflegen und in den Rotkohl setzen. Ca. 40 Min. bei 180 °C garen.

Varianten:
Statt Preiselbeerkompott ein gekochtes Kompott aus Cranberrys herstellen und verwenden.
Statt Putenbrust durchwachsenen Speck verarbeiten.

Kaalilaatikko – finnischer Kohlauflauf

1 mittlerer Weißkohlkopf (ca. 1 kg), 2 Tassen Reis, 1 l Rinderbrühe, 1 EL Butter, 400 g Hackfleisch nach Wahl, 1 EL Zuckerrübensirup, Salz, Pfeffer, Preiselbeerkompott.

Den Kohl fein schneiden und in einem Topf mit wenig Wasser weichdünsten. Den Reis in einem Topf mit der Brühe aufkochen, die Hitze reduzieren und 15 Min. garen.
Die Butter in einer Pfanne zerlassen und das Hackfleisch darin krümelig anbraten.
Den Reis und den Kohl ohne Kochflüssigkeit mit dem Hack mischen.
Den Sirup zugeben und gut mit Salz und Pfeffer abschmecken.
Alles in eine gefettete Auflaufform geben und den Auflauf ca. 1 Std. bei 160 °C backen.

Dazu Preiselbeerkompott reichen.

Tipp: Es passt hier Rinder- oder auch Wildhack.

Aus Finnland, mitgebracht von Celina Schmok.

Sauerkrautauflauf mit Mett

200 g Langkornreis, 3–4 EL Olivenöl, 1 gew. Zwiebel, 850 g Sauerkraut, 500 g Mett, 100 g geräucherte Speckwürfel, 3 gew. Knoblauchzehen, Salz, Pfeffer, 200 ml Weißwein.

Den Reis nach Anleitung bissfest garen. 2 EL Olivenöl erhitzen und die Zwiebelwürfel darin goldgelb dünsten.
Das Sauerkraut gut abtropfen lassen. Evtl. zusätzlich ausdrücken.
In einer großen Schüssel Reis, Mett, Sauerkraut, Speckwürfel, Zwiebelwürfel (mit Bratfett) und Knoblauch mischen. Mit Salz und Pfeffer abschmecken.
Eine Auflaufform mit Olivenöl ausstreichen, die Mischung darin verteilen. Den Weißwein zugeben und bei 200 °C im Backofen 35–40 Min. backen.

Alkoholfreie Variante: Apfelsaft statt Weißwein verwenden.

Aus Luxemburg, mitgebracht von Ariadne Freymuth.

Luxemburger Rosenkohlgratin

Für 4 Personen eine Beilage, für 2 Personen ein Hauptgericht.

750 g Rosenkohl (geputzt gewogen), 2 rote Zwiebeln, Fett für die Form, 100 g Allgäuer Emmentaler, 100 g Bacon, 200 g Crème fraîche, Salz, Pfeffer, Muskatnuss, 75 g gehobelte Mandeln.

Den Rosenkohl putzen und je nach Größe teilen oder ganz lassen. Salzwasser zum Kochen bringen. Den Rosenkohl 4 Min. darin garen und anschließend in Eiswasser abschrecken.
Die Zwiebeln würfeln. Die Form ausfetten. Den Käse raspeln. Den Bacon einmal quer durchschneiden.
Rosenkohl, Zwiebelwürfel, Käseraspel und Crème fraîche in einer Schüssel mit dem Bacon mischen. Mit Salz, Pfeffer und Muskatnuss abschmecken.
Das Gemisch in eine Auflaufform geben. Mit Mandeln bestreuen und bei 200 °C 25 Min. überbacken, bis der Gratin goldgelb ist.

Varianten: Mit Romanesco- oder Blumenkohlröschen statt mit Rosenkohl zubereiten.

Schwedischer Kålpudding

2 große Kartoffeln (ca. 200 g), 300 g Hackfleisch nach Wahl, ca. 500 ml Milch, Salz, Pfeffer, ca. 1 kg Weißkohl, 2 EL Butter, 1 EL Zuckerrübensirup.

Soße: 1 EL Butter, 1 EL Mehl, 300 ml Kalbsfond, 100 ml Sahne, Salz, Pfeffer.

Die Kartoffeln schälen, in Salzwasser weichkochen, gut zerstampfen. Den Kartoffelbrei mit dem Hackfleisch intensiv vermischen und dabei die Milch zugeben. Die Masse soll gerne sehr flüssig sein. Gut mit Salz und Pfeffer abschmecken.
Den Kohl putzen, den Strunk entfernen und den Kohl klein schneiden. Die Butter zerlassen, den Kohl darin andünsten und den Sirup zugeben. In einer Auflaufform im Wechsel Kohl und Hackmasse einschichten. Mit dem Kohl beginnen.
Bei 200 °C im Backofen ca. 60 Min. backen, bis der Kohl weich ist. In der Zwischenzeit die Butter in einem Topf zerlassen, das Mehl einrühren und nach und nach den Fond und dann die Sahne zugeben. Mit Salz und Pfeffer abschmecken.

Dazu werden Salzkartoffeln und Preiselbeerkonfitüre gereicht.

Aus Schweden, mitgebracht von Helena Nürnberg aus Karlstad (Vänernsee).

Raclette-Gratin

Butter für die Form, ca. 200 g frisches Kastenweißbrot, 2 Knoblauchzehen geschält und angeschnitten, 400 g frische Brokkoliröschen, 125 ml Weißwein, 2 EL Olivenöl, Meersalz, Pfeffer aus der Mühle, 175 g Raclettekäse in Scheiben, 2 EL frisch geh. Petersilie.

Mit der Butter eine Auflaufform ausfetten. Sie sollte eher flach sein. Das Weißbrot im Toaster gut rösten. Es darf gerne kross sein, aber nicht zu dunkel. Die Knoblauchzehen intensiv über beide Brotseiten reiben. Die Brotscheiben dann in der Form auslegen.

Etwas Wasser mit Salz zum Sieden bringen. Die Brokkoliröschen darin 1–2 Min. garen. Anschließend gut abtropfen lassen.
Den Wein mit den Knoblauchzehen kurz aufkochen und 10 Min. ziehen lassen. Anschließend den Brokkoli auf dem Brot verteilen. Den Knoblauch aus dem Wein nehmen und den Sud gleichmäßig über den Auflauf geben. Das Olivenöl darauf träufeln.
Mit wenig Salz und Pfeffer aus der Mühle bestreuen.
Die Käsescheiben darüber verteilen. Im vorgeheizten Backofen bei 200 °C ca. 20 Min. goldgelb backen.
Mit Petersilie bestreut servieren.

Variante: Statt mit Brokkoli mit Blumenkohl oder Romanesco zubereiten.

Cavolo-nero-Gratin

1 Bd. Cavolo nero (Schwarzkohl), etwas Butter für die Form, 2 Knoblauchzehen, 1 Zwiebel, 1 EL brauner Zucker, 1 Tasse Gemüsebrühe, 6 EL Olivenöl, Salz, Pfeffer, frisch ger. Muskatnuss, 300 g Schafskäse, 2 EL geh. Kräuter nach Wahl.

Den Backofen auf 200 °C vorheizen. Den Schwarzkohl bis in die Spitzen vom Strunk befreien und in Streifen schneiden. Eine ofenfeste Form ausbuttern.
Knoblauch und Zwiebel fein würfeln. Den Zucker in einer beschichteten Pfanne schmelzen und Knoblauch- und Zwiebelwürfel darin wenden. Die Gemüsebrühe und 4 EL Olivenöl zugeben. Alles kurz aufwallen lassen. Den Kohl zugeben und alles durchschwenken. Mit Salz, Pfeffer und Muskatnuss abschmecken. Alles zusammen mit dem Sud in die Form geben. Den Schafskäse zerbröckeln und auf der Kohlmischung verteilen. 2 EL Olivenöl darüberträufeln und mit gehackten Kräutern bestreuen. Im Backofen gratinieren, bis der Käse eine leichte Bräunung hat.

Tipp: Dazu frisch gebackenes Weißbrot reichen. Besonders lecker, da damit der Sud gut aufgenommen werden kann.

Variante: Zwischen Palmkohl und Schafskäse noch gegrillten Fisch, z. B. Lachs oder Seehecht, geben.
Mitgebracht von Michaela Prechel aus Brokstedt.

Palmkohlpizza vom Pizzastein

Einen runden Pizzastein (ca. 40 cm Durchmesser), 330 g Mehl, 1 TL Salz, 60 ml Olivenöl, ½ Würfel frische Hefe, 125 ml handwarmes Wasser, 1 Bd. Palmkohl, 1 gew. Zwiebel, 2 EL Olivenöl, Salz, Pfeffer, 100 g Seranoschinken, 1 große Mozzarellakugel, 200 g gestückelte Tomaten in Soße.

Das Mehl zusammen mit dem Salz und dem Olivenöl in eine Schüssel geben. Die Hefe zerbröckeln, im Wasser auflösen und die Mischung mit den Zutaten in der Schüssel zu einem glatten Teig kneten. Abgedeckt ca. 30 Minuten an einem warmen Ort gehen lassen.
Den Pizzastein in den Ofen geben und auf 220° vorheizen.

Den Palmkohl bis in die Spitzen vom Strunk befreien und in Streifen schneiden. Die gewürfelte Zwiebel im Olivenöl glasig dünsten, den Palmkohl zugeben und 4–5 Minuten durchschwenken. Mit Salz und Pfeffer abschmecken.
Den Seranoschinken in kleinere Stücke reißen. Die Mozzarellakugel mit einer Gabel ebenfalls in kleinere Stücke ziehen. Die gestückelten Tomaten nach Bedarf mit Salz und Pfeffer leicht abschmecken.
Den Teig mit der Hand nachkneten und so auseinander ziehen, dass er schon in etwa die Größe des Pizzasteins hat. Sollte er zu feucht sein, etwas Mehl zugeben.

Den Stein aus dem Ofen holen und zügig den Teig darüber ziehen.

Den Rand leicht erhöhen. Schnell die Tomatenmischung verteilen. Die Palmkohlmischung in Inseln und dazwischen gleichmäßig Serano und Mozzarella verteilen. Die Pizza für ca. 5–7 Min. backen.

Durch das Backen mit einem Pizzastein bekommt die Pizza einen besonders dünnen Boden, der sehr knusprig und lecker ist! Auch eckige Formen sind möglich.

Variante: Gewürfelten Knoblauch andünsten und zur Palmkohlmischung geben.

Krautquiche

Teig: 100 g Butter, 200 g Mehl, ½ TL Meersalz, 3 EL Wasser.

Füllung: 600 g Weiß- oder Spitzkohl, 100 g Butter, 5 Eier, 200 ml Vollmilch, 100 g ger. Bergkäse, Salz, Pfeffer, Muskat, gem. Kümmel.

Für den Teig die Butter würfeln und mit Mehl und Salz zu einem glatten Teig kneten. Dabei das Wasser zugeben. Eine Kugel formen und für mindestens 1 Std. kalt stellen.

Für die Füllung vom Kohl so viele einzelne Blätter lösen wie möglich und in Streifen schneiden. Wasser mit Salz aufkochen. Den restlichen, festen Kohl in Streifen schneiden. Alles im gut kochenden Wasser 2 Min. garen. Abgießen und abtropfen lassen. Die Butter erhitzen und darin den Kohl dünsten. Zur Seite stellen und Eier, Milch und Käse gut vermischen. Mit Salz, Pfeffer, Muskat und Kümmel abschmecken. In eine Springform ein Backpapier einklemmen. ⅔ des Teiges ausrollen und in der Form auslegen. Den restlichen Teig zu einer Rolle formen, als Rand legen und flach andrücken. Mit einer Gabel einstechen.
Bei 190 °C 15 Min. backen. Die Füllung zugeben und die Quiche für ca. 35 Min. backen.

Tipp: 5 Min. vor Garende ein Gemisch aus 1 EL Butter, 2 EL geriebenem Käse und 1 EL Brösel auf der Quiche verteilen.

Cheddar-Nudelauflauf mit Brokkoli

500 g kurze Makkaroni, 1 Bd. Brokkoli, 3 Tassen Milch, 4 EL Butter, 3 EL Mehl, ½ TL Senfpulver, 1 Prise Muskat, ½ TL frisch gem. Pfeffer, Salz, ¼ TL Paprikapulver, 1 TL Worcestershiresoße, 3 Tassen ger. Cheddar, ½ Tasse ger. Parmesan, etwas kalte Butter.

Die Makkaroni in reichlich Salzwasser al dente kochen. Den Brokkoli in kleine Röschen zerteilen und in etwas leicht gesalzenem Wasser bissfest dünsten. Die Milch erhitzen, aber nicht kochen. Die Butter schmelzen, dann das Mehl einstreuen und zügig unterschlagen, sodass keine Klümpchen bleiben. Die Milch zugeben und bei leichter Hitze weiter rühren, bis die Soße eine cremige Konsistenz hat. Die Gewürze und die Worcestershiresoße unterrühren. Die Hälfte des Cheddars und den gesamten Parmesan dazugeben. Die Nudeln und den Brokkoli vorsichtig unterheben, bis alles gut vermengt ist. Bei Bedarf noch mit etwas Salz und Pfeffer abschmecken. In eine gebutterte Auflaufform geben und mit dem restlichen Cheddar bestreuen, nach Belieben ein paar Butterflöckchen darauf verteilen. Im vorgeheizten Ofen bei etwa 180 °C Umluft ca. 35 Min. backen, bis der Cheddar leicht braun wird.

Aus den USA, das Lieblingsrezept der Familie Gardner aus Sudbury, Massachusetts.

Krautstrudel

Teig: 250 g Mehl, Salz, ⅛ l Wasser (handwarm), 50 g Butter (flüssig und handwarm), etwas Öl, Semmelbrösel, 2 EL flüssige Butter.

Füllung: 1 kg Weißkohl, 100 g durchwachsener Speck, 40 g Butter, Salz, Pfeffer, Kümmel, 100 ml Rinderbrühe, 125 g Sahne, 75 g ger. Bergkäse, 2 EL frisch geh. Petersilie.

1 Ei verquirlt.

Für den Teig das Mehl auf die Arbeitsfläche geben. Eine Mulde bilden. Etwas Salz über das Mehl geben und mit einer Gabel nach und nach das Wasser und die 50 g Butter einarbeiten. Den Teig mit den Händen so lange walken, bis ein glatter und elastischer Teig entstanden ist. Mit Öl bestreichen. Eine vorgewärmte Schüssel darüberlegen und 25 Min. ruhen lassen.

In der Zwischenzeit den Kohl putzen und in Streifen schneiden. Den Speck fein würfeln und in der Butter ausbraten. Den Kohl und danach Salz, Pfeffer und Kümmel zugeben. Brühe und Sahne untermischen und ca. 7 Min. dünsten.
Leicht abkühlen lassen und Käse und Petersilie unterrühren.

Auf einem leicht bemehlten Tuch, am besten einer Tischdecke, den Strudelteig zu einem Rechteck ausrollen. Den Teig auf dem

Handrücken noch weiter auseinander ziehen und somit vergrößern. Mit Butter bestreichen und mit Bröseln bestreuen.

Die abgekühlte Füllung darauf verteilen und den Strudel aufrollen. Dabei die Seitenränder einklappen. Den Strudel mit der Nahtseite nach unten vom Tuch auf ein mit Backpapier ausgelegtes Backblech gleiten lassen oder heben. Die Enden umklappen.

Mit verquirltem Ei bestreichen. Bei 190 °C ca. 45 Min. backen.

Dazu eine helle Soße (aus Milch, Sahne oder Schmand) zubereiten.

Hauptsachen

Röschenmix mit Schollenfilets

500 g Romanesco, 500 g Blumenkohl, Salz, 12 Schollenfilets (ca. 600 g), Saft einer Zitrone, Fett für die Form, 4 EL fein ger. Edamer, 200 ml Sahne, 2 Eigelb, Muskat, Salz.

Den Romanesco und den Blumenkohl waschen und in feine Röschen schneiden. Wasser mit Salz zum Kochen bringen und den Kohl darin ca. 8 Min. garen.

Die Schollenfilets waschen, trocken tupfen und mit Zitronensaft 5 Min. ziehen lassen. Eine Auflaufform ausfetten.

Den Edamer mit der Sahne und dem Eigelb mischen und mit Muskat und nur ganz wenig Salz abschmecken.

Die Fischfilets trocken tupfen, aufrollen und in eine flache Auflaufform legen. Die Röschen darum verteilen.
Die Käsemasse darübergeben und dabei auf jede Fischrolle einen kleinen Klecks geben.

Im Ofen ca. 12 Min. bei 200 °C gratinieren.

Dazu passt Kartoffelpüree, Reis, Quinoa oder Couscous.

Pasta a la Cavolo nero mit Pilzen

800 g Cavolo nero (Palmkohl), 400 g Penne oder Makkaroni, 200 g kleine Pfifferlinge, 80 g durchwachsener fein gew. Speck, Olivenöl, 3 kleine gew. Zwiebeln, 20 g Butter, 2 EL Apfelessig, Salz, Pfeffer, 10 Kirschtomaten, 100 g ger. Parmesan, etwas frisch geh. Petersilie.

Den Palmkohl vom Strunk befreien, waschen und trocknen. Gut gesalzenes Wasser zum Kochen bringen und die Nudeln darin bissfest garen, dabei ca. 250 ml von dem Kochwasser aufheben. Inzwischen die Pilze und den Speck unter Zugabe von etwas Olivenöl anbraten, nach kurzer Zeit die Hälfte der Zwiebeln dazugeben und glasig werden lassen. Aus der Pfanne nehmen und warm halten. Etwas Olivenöl und 20 g Butter in derselben Pfanne erhitzen, die restlichen Zwiebeln darin anbraten, den Palmkohl zufügen und zusammenfallen lassen. Mit dem Nudelkochwasser und dem Apfelessig ablöschen und ca. 10 Minuten kochen. Alles mit Salz und Pfeffer abschmecken. Palmkohl, halbierte Tomaten, Parmesan und die Pilzmischung vermengen, alles unter die Pasta heben. Mit Petersilie bestreut servieren.

Tipp: Mit gerösteten Pinienkernen bestreuen und zusätzlich geriebenen Parmesan dazu reichen.

Varianten: Statt Apfelessig hellen Balsamicoessig verwenden, statt Pfifferlingen andere Waldpilze nach Geschmack verarbeiten.

Chop Suey

Marinade: 2 EL Reiswein, 4 EL Sojasoße, 1 EL Speisestärke, 2 TL Brühe (instant), 1 TL ger. Ingwer, Salz, Pfeffer.

300 g Schweinefilet, 4 Zwiebeln, 400 g Champignons, 100 g Sellerie, 125 g Weißkohl, 100 g Möhren, 4 EL Öl, 100 g Mungobohnensprossen, frisch geh. Petersilie.

Alle Zutaten für die Marinade vermischen.
Das Fleisch in feine Streifen schneiden, mit der Marinade gut vermengen und 30 Min. ziehen lassen. Vor der Weiterverarbeitung in einem Sieb gut abtropfen lassen und dabei die Flüssigkeit auffangen. Die Zwiebeln schälen und in Ringe schneiden.
Die Pilze in Scheiben schneiden. Sellerie, Kohl und Möhren in feine Streifen schneiden. Das Öl erhitzen und das Fleisch darin anbraten. Nacheinander Zwiebeln, Pilze, Sellerie, Kohl, Möhren und Sprossen zugeben. Gut dünsten.
Die aufgefangene Marinade zugeben, kurz durchschwenken und mit frisch gehackter Petersilie servieren.

Dazu Reis reichen.

Varianten: Rind, Geflügel oder Garnelen statt Schweinefleisch verwenden.

Statt Reiswein kann auch trockener Sherry benutzt werden.

Nudelzauber

1 kg Brokkoli, Salz, 500 g Nudeln (Penne), 2 EL Rapsöl, 350 g grobe frische Bratwurst, 2 Tassen Gemüsebrühe, Pfeffer aus der Mühle, Bergkäse.

Den Brokkoli gründlich waschen. In kleine Röschen zerteilen. Die unteren Stielabschnitte schälen und würfeln. Ca. 1 l Wasser aufkochen und 1 EL Salz zugeben. Den Brokkoli zugeben und 3 Min. köcheln lassen. Mit einem Schöpfer den Brokkoli aus dem Kochwasser heben, den Topf auf 4 Liter Flüssigkeit mit Wasser auffüllen und zum Kochen bringen. Die Nudeln darin al dente garen. Das Rapsöl in einer Pfanne erhitzen. Die frische Bratwurst aus der Pelle drücken und in kleine Stücke zerteilen. Kurz anbraten und dann mit der Brühe auffüllen. Die Flüssigkeit etwas einköcheln lassen. Den Brokkoli zugeben, mit Salz und Pfeffer abschmecken und alles warm halten. Die Nudeln nach dem Abgießen in eine große Schüssel geben und den Brokkolimix darauf verteilen. Dazu geriebenen Bergkäse reichen.

Tipp: Die Schüssel vorwärmen. So hält das Gericht länger warm.

Variante: Statt Bratwurstbrät können auch vorbereitete Fleischklöße aus Rinderhack verwendet werden.

Fårikål – norwegischer Lammtopf

1½ kg Weißkohl, 1½ kg Lammfleisch inkl. Knochen, 2–3 TL Salz, 4 TL schwarze Pfefferkörner, 300 ml Wasser, frisch geh. Petersilie.

Den Weißkohl in Schiffchen schneiden. Den Strunk dranlassen, denn er hält den Kohl zusammen, aber später beim Essen entfernen. Das Fleisch in mehrere Stücke zertrennen. In einem Schmortopf oder Bräter die Kohlschiffchen und die Fleischstücke nebeneinander anordnen und einschichten. Beim Fleisch darauf achten, dass die Fettseite nach unten liegt. Zwischen die Schichten Salz und Pfefferkörner geben.
Das Wasser dann dazugeben und abgedeckt ca. 2 Std. leicht köcheln lassen. Das Fleisch sollte sich nach der Garzeit leicht vom Knochen lösen. Mit Petersilie bestreut servieren.

Dazu Salzkartoffeln reichen.

Aus Norwegen, mitgebracht von Familie Gjedrem.

Wissenswert: Fårikål ist seit Jahrzehnten Norwegens Nationalgericht.
Am besten schmeckt es, wenn es am Vortag zubereitet wird.
Es wird bevorzugt am letzten Tag im September gegessen.
Dieser Tag wird Fårikål-Festtag genannt.

Hähnchenspieße mit Champignonpesto

Pesto: 3 geh. Knoblauchzehen, 3 geh. Schalotten, 50 ml Olivenöl, 250 g braune Champignons, 3 EL Pinienkerne, ½ Bd. glatte Petersilie, 50 g ger. Parmesan, Salz, Pfeffer, Muskatnuss, Balsamicocreme.

Spieße: ½ Wirsing, 300 g Hähnchenbrustfilets, Salz, Pfeffer, Zahnstocher, Olivenöl, etwas frische Petersilie.

Für das Pesto den Knoblauch und die Schalotten in 1 EL Olivenöl glasig dünsten.
Die Champignons putzen, vierteln, zugeben und kurz mitdünsten. Alles abkühlen lassen. Die Pinienkerne in einer Pfanne leicht anrösten und abkühlen lassen. Die Champignonmischung, Pinienkerne, Petersilie, Parmesan und das restliche Öl in einen Mixer geben und kurz aufmixen. Drauf achten, dass Stücke vorhanden bleiben. Das Pesto mit Salz, Pfeffer, Muskatnuss und Balsamicocreme abschmecken.

Für die Hähnchenspieße den Backofen auf 200 °C vorheizen.
Die Wirsingblätter trennen und ca. 4 Min. blanchieren.
Die Hähnchenbrustfilets in flachere Stücke schneiden und mit Salz und Pfeffer würzen. Die Hähnchenfilets auf die Kohlblätter verteilen, das Pesto darauf streichen.

Alles jeweils aufrollen und mit Zahnstochern fixieren. Die Spieße kurz in Öl anbraten und in einer Form im Backofen ca. 10 Min. nachgaren.
Die noch saftigen Spieße mit dem übrigen Pesto bestreichen und mit Petersilie garnieren.

Dazu ein Kartoffel-Sellerie-Püree reichen.

Aus Frankreich, mitgebracht von Gunda-Alexandra Detmers und Yoann Vernay.

Krautfleckerl

300 g Bandnudeln, Salz, ca. ½ Weißkohl, 50 g Butterschmalz, 1 gew. Zwiebel, 2–3 EL Zucker, etwas Brühe, Pfeffer.

Die Nudeln in reichlich gesalzenem Wasser al dente kochen und anschließend kalt abspülen.
Den Kohl in Streifen schneiden.
Das Schmalz erhitzen und darin die Zwiebelwürfel mit dem Zucker gut bräunen. Den Kohl zugeben, salzen und langsam weichdünsten.

Zieht das Kohlgemisch zu wenig Wasser, etwas Brühe zugeben.
Dabei darf es gerne ein wenig braun werden.
Zum Schluss die Bandnudeln zugeben, ebenfalls leicht braun werden lassen und die Krautfleckerl gut mit Pfeffer abschmecken.

Aus Österreich, mitgebracht von Ingrid Zacherl.

Lachsfilet auf Grünkohl-Curry

4 Lachsfilets (à 125 g), 500 g Grünkohl, 4 cm Ingwer, 1 große Birne (Conference oder Abate), 1 Zitrone (bio), 4 EL Rapsöl, Madagaskar-Curry, 3 gew. Schalotten, 200 ml Fischfond, Salz, Cayennepfeffer.

Den Lachs waschen und trocken tupfen. Den Grünkohl ausgiebig abbrausen, vom Stiel und groben Strunk befreien und grob zerkleinern. Den Ingwer schälen und fein würfeln. Die Birne schälen und in Scheiben schneiden. Die Zitrone waschen und ebenfalls in feine Scheiben schneiden. 2 EL Öl erhitzen und die Birnenscheiben von beiden Seiten andünsten. Mit Curry bestreuen und zur Seite stellen. 2 EL Öl erhitzen, Schalottenwürfel und Ingwer darin glasig dünsten. Den Grünkohl zugeben und 4–6 Min. dünsten, bis er zusammenfällt. Den Fond zugeben und zugedeckt ca. 8 Min. dünsten. Salz und Cayennepfeffer zufügen und etwas Kohl in eine Auflaufform geben. Die Birnenscheiben verteilen und den Rest Kohl daraufgeben. Den Lachs leicht mit Curry bestreuen und auf den Grünkohl legen. Die Zitronenscheiben auf dem Fisch verteilen und alles im Backofen bei 175 °C 20 Min. gratinieren. Das Gericht braucht nicht zwingend eine Sättigungsbeilage. Sofern gewünscht passt aber Basmatireis gut dazu.

Varianten: Seelachs- oder Rotbarschfilet statt Lachs verwenden. Apfel oder Quitte statt Birne verwenden. Quitte benötigt dann eine längere Garzeit beim Andünsten.

Alibabas Wirsingtopf

Gemüsetopf: 600 g Lammfleisch, 300 g Kürbis, 600 g Wirsing, 1 rote Chilischote, 4 EL Sesamöl, 2 gew. Schalotten, 100 ml Weißwein, 250 ml Gemüsebrühe, 1 kleine Zimtstange, Salz, Pfeffer, gem. Kreuzkümmel, 125 g ungeschwefelte gew. Aprikosen.

Couscous: 75 g Mandelstifte, 2 EL ungeschwefelte Rosinen, 350 ml Gemüsebrühe, 150 g Couscous.

Für den Gemüsetopf: das Lammfleisch klein würfeln. Den Kürbis putzen und würfeln. Den Kohl putzen und in Streifen schneiden. Die Chilischote fein würfeln. Das Öl erhitzen, das Fleisch darin gut anbraten. Schalottenwürfel und Chili zugeben und 5 Min. dünsten. Mit Wein und Brühe ablöschen. Die Zimtstange zugeben und alles mit Salz, Pfeffer und Kreuzkümmel abschmecken. Abgedeckt bei kleiner bis mittlerer Hitze ca. 35 Min. garen. Dann Kürbis, Wirsing und Aprikosen untermischen und weitere 30 Min. garen. Gegebenenfalls vor dem Servieren mit den Gewürzen nachschmecken.

Für den Couscous die Mandelstifte anrösten. Die Rosinen mit der Brühe aufkochen. Den Couscous einrühren und abgedeckt 10 Min. quellen lassen. Die Mandelstifte untermischen und den Couscous zusammen mit dem Gemüsetopf servieren.

Gebratene Wok-Nudeln

250 g asiatische Weizennudeln, 6 EL Pflanzenöl, 200 g Hähnchenbrustfilet in Streifen, 175 g Shrimps geschält, 30 g fein gew. Ingwer, 1 Bd. Frühlingszwiebeln, 100 g Zuckerschoten (gedrittelt), 100 g Brokkoli in Röschen, 100 g Sojasprossen, 1 TL Sesamöl.

Soße: 3 EL Sojasoße, 2 EL Sakewein, 100 ml Geflügelbrühe, 1 EL Chilisoße süß, ½ TL Sambal Oelek.

Die Nudeln nach Anweisung bissfest garen, gut abtropfen lassen. 3 EL Öl im Wok hoch erhitzen und darin die Nudeln kurz anbraten. Herausnehmen und warm halten. 3 EL Öl in den Wok geben und darin die Filets, die Shrimps und den Ingwer andünsten. Nach und nach das Gemüse und die Frühlingszwiebeln in Ringen und das Sesamöl zufügen.

Die Zutaten für die Soße gut vermischen, zugeben. Die Nudeln untermischen.

Kurz durchziehen lassen und zügig servieren.

Tipp: Frisch gehackte Petersilie oder Koriander vor dem Servieren darüberstreuen.

Varianten: Es passt auch Rinder- oder Schweinefilet. Statt Brokkoli kann auch Pak Choi verwendet werden.

Blumenkohl-Bouletten

550 g kleine Blumenkohlröschen, 1 gew. Zwiebel, 1 EL Öl, 150 g Dinkelvollkornmehl, 2 Eier, 70 g gem. Mandeln, Salz, Pfeffer, 100 g ger. Emmentaler, Öl oder Butter zum Ausbacken.

Einen Topf mit Wasser zum Kochen bringen. Salz zugeben und die Blumenkohlröschen darin ca. 3 Min. bissfest garen. Abtropfen lassen. Die Zwiebelwürfel in dem EL Öl glasig dünsten. Die halbe Menge Blumenkohl klein hacken oder würfeln. Die gesamte Blumenkohlmenge in einer Schüssel mit der Zwiebelmischung, Mehl, Eiern und gemahlenen Mandeln mischen. Die Masse mit Salz und Pfeffer abschmecken. Zum Schluss den Emmentaler untermengen.

Kleine Bouletten formen und in einer beschichteten Pfanne in Öl oder Butter nach und nach bei mittlerer Hitze ausbraten.

Dazu passt ein bunter Blattsalat mit Honig-Senf-Dressing oder auch Kartoffelpüree.

Varianten: Brokkoli statt Blumenkohl verwenden.

Kokosnudeln

1 Bd. frische Lauchzwiebeln, 400 g Pak Choi, 100 g grüner Minispargel, 2 rote Pfefferschoten, 1 Dose Kokosmilch mit 80 % Fruchtanteil, 3 TL gekörnte Gemüsebrühe, 400 g asiatische Weizennudeln, 3 EL Öl, 1 Bd. geh. Koriander, Salz, Pfeffer aus der Mühle.

Die Lauchzwiebeln putzen und in Ringe schneiden. Den Pak Choi abbrausen, trocken tupfen und je nach Größe vierteln oder halbieren. Den Spargel abspülen und längs halbieren. Die Pfefferschoten abbrausen, längs halbieren, die Kerne entfernen und in feine Streifen schneiden. Die Kokosmilch in einen kleinen Topf geben, erhitzen und die Gemüsebrühe einrühren. Einen Topf mit gesalzenem Wasser erhitzen und die Nudeln nach Anweisung darin garen.

Das Öl in einem Wok oder einer tiefen Pfanne erhitzen, den Pak Choi, den Spargel und die Pfefferschoten zugeben. Alles gut durchschwenken. Die Kokossoße zugießen. Den Koriander zugeben und alles mit Salz und Pfeffer abschmecken. Die Nudeln abseihen, auf einem großen, vorgewärmten Servierteller anrichten und das Wokgemüse daraufgeben.

Variante: Statt Pak Choi kann auch Chinakohl verwendet werden.

Gemüsepfanne süß-sauer (vegan)

*100 g Cashewkerne, 2 EL Erdnussöl, 1 EL Chiliöl,
3 Zwiebeln, 3 Möhren, 2 Zucchini, 200 g Brokkoliröschen,
150 g Shiitakepilze (je nach Größe halbiert),
200 g Baby Pak Choi (halbiert), 2 EL brauner Zucker,
3 EL Sojasoße, 2 EL Sherry.*

*Die Cashewkerne in einem Wok rösten und danach zur Seite stellen. Das Erdnuss- und Chiliöl im Wok oder in der Pfanne sehr hoch erhitzen.
Die Zwiebelringe 1 Minute in Öl dünsten. Möhren, Zucchini und Brokkoli in Scheiben geschnitten zugeben und 2–3 Min. durchschwenken. Shiitake, Pak Choi, braunen Zucker, Sojasoße und Sherry zugeben. Die gerösteten Cashewkerne darüberstreuen. Alles durchschwenken, einige Minuten garen und dann servieren.*

Dazu passt Jasminreis sehr gut.

Variante: Wer nicht auf Fleisch verzichten möchte, kann dazu Hähnchenbrustfilet braten oder auch Garnelen gedünstet anbieten.

Krautknöpfe mit Speck

400 g fein gew. durchwachsener Speck, 1 EL Butter, 600 g Sauerkraut, 1 EL brauner Zucker, 400 g Mehl, 5 Eier, Salz, Pfeffer aus der Mühle, 3 EL Butter, 1 EL frisch geh. Petersilie.

Den gewürfelten Speck in der zerlassenen Butter auslassen und anrösten. Das Sauerkraut mit dem Zucker zugeben, etwas vermischen und warm halten.

Das Mehl mit den Eiern, etwas Salz und Pfeffer und 225 ml Wasser nur kurz vermischen. 15 Min. quellen lassen. In der Zwischenzeit einen Topf mit Wasser und etwas Salz zum Sieden bringen. In eine Spätzlepresse immer nur wenig Teig geben, sodass kurze knopfartige Spätzle entstehen, die ins Wasser gedrückt werden. Abschöpfen, wenn sie kurze Zeit im Wasser oben schwimmen.
Dann zum Sauerkrautgemisch geben. Den Vorgang wiederholen, bis der Teig aufgebraucht ist.
Die Butter zerlassen, zur Sauerkrautpfanne geben und alles kurz vermischen. Mit Petersilie bestreut servieren.

Dazu passen eingelegte Zimtbirnen oder Zimtpflaumen.

Ein unerwarteter Genuss!

Traum in Grün

400 g Grünkohl, 1 EL Rapsöl, 2 gew. Schalotten, Salz, Pfeffer aus der Mühle, 75 ml fruchtiger Weißwein, 150 ml Sahne, 400 g grüne Bandnudeln, 3 EL Kürbiskernöl, 75 g Kürbiskerne geröstet.

Den Grünkohl gründlich abbrausen, die Strunkteile entfernen und mit einem Küchentuch etwas trocken drücken. Danach in kleine Streifen schneiden.

Einen Topf mit Wasser und Salz zum Kochen bringen, den Kohl 2 Min. zugeben und anschließend abgießen. Das Rapsöl erhitzen und die Schalotten darin glasig dünsten.

Den Grünkohl zugeben und mit Salz und Pfeffer würzen. Weißwein und Sahne zugeben. Alles schmoren, bis eine leicht cremige Konsistenz entsteht.
In der Zwischenzeit die Bandnudeln al dente garen. Alles locker vermischen und das Kürbiskernöl zugeben.
Kurz ziehen lassen.

Mit gerösteten Kürbiskernen bestreut servieren.

Wirsingpfanne mit Kürbisgnocchi

500 g geputzte Hokkaidospalten, 250 g Dinkelvollkornmehl, 50 g Hartweizengrieß, 1 Ei, 1 EL geh. Salbei, Salz, Pfeffer, 450 g Wirsing, 4 EL Olivenöl, 1 EL Butter, 2 gew. Schalotten, etwas brauner Zucker.

Die Hokkaidospalten auf ein mit Backpapier ausgelegtes Backblech legen und bei 170 °C Umluft ca. 25 Min. garen. Sie sollten weich sein. Durch eine Kartoffelpresse drücken oder zerstampfen und auskühlen lassen. Mehl, Grieß, Ei und Salbei mit dem Kürbismus vermischen und gut mit Salz und Pfeffer abschmecken.

Aus dem Kürbis-Grieß-Teig mehrere Rollen formen, diese in Abständen durchschneiden und in Gnocchiform bringen. Salzwasser zum Sieden bringen und die Gnocchi darin garziehen lassen und mit einem Schöpflöffel aus dem Topf holen.
Den Wirsing putzen und in Streifen schneiden. Das Kochwasser der Gnocchi zum Kochen bringen und den Kohl darin höchstens 2 Min. garen. Das Öl in einer Pfanne erhitzen und die Gnocchi darin dünsten. Herausnehmen und die Butter in der Pfanne zerlassen. Die Schalottenwürfel und den Wirsing anschwitzen, Zucker, Salz und Pfeffer zugeben und dann die Gnocchi untermischen.

Tipp: Wer mag, kann etwas Crème fraîche zugeben und die Pfanne mit gehobeltem Parmesan bestreuen.

Australische Reibekuchen

Für 2 Personen

Teig: 250 g zerkleinerter Weißkohl, 1 Tasse geh. Korianderblätter, 70 g Kichererbsenmehl, 1 EL Reismehl, 2 TL gem. Koriander, 1 TL Kurkuma, 100 ml Mineralwasser, 1 EL Limettensaft, 1 EL natives Olivenöl, Meersalz, zerstoßener schwarzer Pfeffer.

Belag: 80 ml Olivenöl, 2 TL braune Senfsamen, 1 lange rote geh. Chili, 12 Salbeiblätter, 280 g griechischer Joghurt, Meersalz, zerst. schwarzer Pfeffer, Mango-Chutney, 250 g Babygurken (halbiert).

Für den Teig Kohl, Korianderblätter, Kichererbsenmehl, Reismehl, gemahlenen Koriander, Kurkuma, Mineralwasser, Limettensaft und Olivenöl vermengen und mit Pfeffer und Salz abschmecken. Ruhen lassen.

Für den Belag das Olivenöl in einem Topf mit Senfsamen, Chili und Salbeiblättern erhitzen, bis die Blätter knusprig sind. Zur Seite stellen.

Joghurt mit Salz und Pfeffer abschmecken und glattrühren.

Das Olivenöl in einer großen Pfanne erhitzen.

Den Teig auf einmal hineingeben und bei mittlerer Hitze von beiden Seiten ausbacken. Den fertigen Puffer mit einer Gabel in Portionen ziehen. Auf zwei Teller die Reibekuchenteile, darüber die Öl-Gewürzmischung, etwas Mangochutney und die Joghurtmischung geben und die Gurken auf den Tellern verteilen.

Tipp: Im Original werden Curryblätter statt Salbeiblätter verwendet. Die sind in Deutschland manchmal in Asialäden erhältlich.

Aus Australien, mitgebracht von Alexandra Ridderbusch.

Kohlpudding

Puddingform mit Deckel, etwas Margarine für die Form, 4 EL Semmelbrösel, 1,4 kg Wirsing, 500 g gemischtes Hackfleisch, 1 EL scharfer Senf, 1 Ei, 1 fein gew. Zwiebel, Salz, Pfeffer, 1 kg festkochende Kartoffeln.

Die Puddingform und den Deckel ausfetten und mit etwa 2 EL Semmelbröseln ausstreuen. Den Wirsing putzen und in Streifen schneiden. In einem Topf Salzwasser zum Kochen bringen und den Kohl darin 4 Min. blanchieren. Etwas von dem Kochwasser auffangen.
2 EL Semmelbrösel, Hackfleisch, Senf, Ei und die gewürfelte Zwiebel zu einer homogenen Masse vermengen und mit Salz und Pfeffer abschmecken. Die Puddingform schichtweise befüllen. Dafür mit dem Kohl beginnen und mehrmals im Wechsel mit der Hackmasse fortführen, bis alles aufgebraucht ist. Die Form mit dem Deckel verschließen und bei ca. 175 °C im Backofen etwa 70 Min. im Wasserbad garen. Dabei sollte die Form zur Hälfte im Wasserbad stehen. Jetzt die Kartoffeln schälen und in Salzwasser garen.
Den fertigen Kohlpudding stürzen und mit den Kartoffeln servieren. Dazu passt eine Tomatensoße oder eine helle Bechamelsoße.

Tipp: Etwas von dem Kochwasser auffangen und für die Herstellung der Soße verwenden.

Varianten: Kann auch mit Weiß- oder Spitzkohl zubereitet werden.

Chinesischer Kohl in Essig-Soße

Kohlgemüse: Weißkohl (ca. 600 g), 1 Bd. Frühlingszwiebeln, 2 grüne Paprika, 1 l Öl zum Frittieren.

Soße: 2 EL Essig (ca. 4 % Säuregehalt), 1½ EL Sojasoße, Zucker, Salz, 1 TL Stärkepulver, Pfeffer.

Vom Kohl die äußeren Blätter entfernen. Für das Gericht die ganzen Blätter verwenden und sie Blatt für Blatt vom Kohl trennen. Die groben unteren Teile dabei entfernen. Die Frühlingszwiebeln putzen, das grüne Ende etwas kürzen und jeweils in drei Teile schneiden. Die Paprika putzen und in Streifen schneiden. Das Öl in einem Topf erhitzen. Den Kohl nach und nach darin frittieren, bis er etwas weicher ist. Die Portionen herausheben und in einer Schüssel warm halten. So auch mit der Paprika verfahren und ebenfalls mit den Zwiebeln.

Für die Soße Essig, Sojasoße und eine knappe Tasse Wasser in einen Topf geben. Die Mischung erhitzen und gut mit Zucker abschmecken. Mit der Stärke abbinden.

Die Soße zum warmen Gemüse geben, gut durchmengen und etvl. mit Pfeffer, Sojasoße und Essig abschmecken.

Aus China, mitgebracht aus Hong Kong von Celina Schmok.

Steckrübenpuffer mit Sesam

800 g festkochende Kartoffeln, 600 g Steckrübe, 1 Zwiebel, 6 EL Sesam, 3 EL Kartoffelstärke, 2 Eier, Salz, Pfeffer aus der Mühle, Öl zum Ausbacken.

Creme: 200 g Crème fraîche, 100 g Magerquark, 50 g fein gew. getrocknete Tomaten, 1 EL fein geh. Rosmarinnadeln, Salz, Pfeffer, 1 TL Zitronensaft.

Für die Puffer die Kartoffeln und die Rübe schälen und raspeln. Die Zwiebel fein würfeln und zusammen mit Kartoffeln- und Rübenraspeln, Sesam, Stärke und Eiern gut vermischen. Den Teig mit Salz und Pfeffer abschmecken. Öl in eine heiße beschichtete Pfanne geben und nach und nach die Puffer ausbacken. Die fertigen Puffer im Backofen warm halten.

Für die Creme Crème fraîche, Quark, Tomatenwürfel und Rosmarinnadeln vermischen und mit Salz, Pfeffer und Zitronensaft abschmecken.

Die fertigen Puffer auf vorgewärmte Teller verteilen und dazu die Creme reichen.

Varianten: Statt Rosmarin kann auch Salbei oder Basilikum verwendet werden.

Grantapfelcurry

250 g Belugalinsen, 2 EL Kokosöl, 2 gew. Schalotten, 650 ml Geflügelbrühe, 1 kleiner Kopf Romanesco, 1–2 Granatäpfel (ca. 300 g Kerne), eine Handvoll Koriandergrün, 500 g Putenbrustfilet, 1 Dose Kokosmilch (400 ml), 150 ml Sahne, 1 EL gelbe Currypaste, 1 EL frisch geriebener Ingwer, 1 große Biolimette (Saft und Schale).

Am Vortag die Linsen gründlich abbrausen und in Wasser stehen lassen. Vor der Zubereitung abtropfen lassen. Das Kokosöl erhitzen, die Schalottenwürfel glasig dünsten. Die Linsen zufügen, etwas umrühren und mit der Brühe ablöschen – ca. 10–13 Min. köcheln lassen. Ab und zu umrühren. Den Romanesco in kleine Röschen zerteilen. Etwas Wasser mit wenig Salz erhitzen, den Romanesco darin ca. 4 Min. garen und zur Seite stellen. Die Granatäpfel halbieren und die Kerne mit der Unterseite eines Esslöffels herausklopfen. Die Korianderblätter hacken. Das Fleisch in Streifen schneiden. Eine beschichtete Pfanne hoch erhitzen. Ohne Fett das Fleisch darin saftig braten. In die Linsen nun Kokosmilch, Sahne, Currypaste, Ingwer und Limettensaft- und -schale geben. Alles gut vermengen. Die Hitze etwas erhöhen, Fleisch und Romanesco zufügen. Nun den Koriander bis auf einen EL zugeben. Die Hitze wieder reduzieren und alles ziehen lassen. Eine Schale vorwärmen und das Curry einfüllen. Die Granatapfelkerne zugeben und mit dem restlichen Koriander bestreut servieren.
Eine Geschmacksexplosion! Die Mühe lohnt sich!

Brokkoli-Schupfnudel-Komposition

700 g möglichst kleine Süßkartoffeln, 1 EL weiche Butter, 3 Eigelb, 75 g Kartoffelstärke, Salz, Pfeffer aus der Mühle, frisch ger. Muskatnuss, Mehl zum Bearbeiten, 500 g Brokkoli, 2 EL Butter.

Die Süßkartoffeln in Salzwasser gar kochen und pellen. Die abgekühlten Kartoffeln durch eine Spätzle- oder Kartoffelpresse pressen. Butter, Eigelb und Stärke zugeben und verkneten. Alles kräftig mit Salz, Pfeffer und Muskatnuss abschmecken. Sollte der Teig sich nicht gut formen lassen, etwas Mehl einarbeiten. Daraus Rollen formen und in Schupfnudelform bringen. Diese dann in leicht gesalzenem, leicht köchelndem Wasser garen, bis sie oben schwimmen. Abschöpfen und abtropfen lassen. Den Brokkoli in kleine Röschen zerteilen und im Schupfnudelwasser 3 Min. garen. Herausnehmen und abtropfen lassen. Die Butter in einer Pfanne zerlassen und darin die Schupfnudeln und den Brokkoli schwenken.

Die Schupfnudeln gibt es auch fertig im Kühlregal. Die Mühe sie selbst herzustellen, lohnt sich aber immer!

Tipp: Mit frisch gehackten Kräutern bestreuen.

Variante: Weißkohl oder Wirsing statt Brokkoli verwenden.

Steckrüben-Kotelett

Teig: 200 g Buchweizenmehl, 3 Eier, 350 ml Geflügelbrühe, Salz, Pfeffer.

1 Steckrübe (ca. 1 kg), Pfeffer aus der Mühle, Salz, Öl zum Ausbacken.

Buchweizenmehl, Eier und Brühe gut vermengen und mit Salz und Pfeffer abschmecken. Den Teig mindestens 30 Min. quellen lassen.

Die Steckrübe schälen. In 2 cm dicke Scheiben schneiden, evtl. die Scheiben halbieren. Einen Topf mit gesalzenem Wasser zum Kochen bringen, die Rübenstücke darin 5–8 Min. garen. Im Kern sollten sie noch fest sein. Abkühlen und gut abtropfen lassen.
Reichlich Öl in einer beschichteten Pfanne erhitzen.
Die Rübenscheiben in den Teig tauchen und in der Pfanne nach und nach ausbacken. Im Backofen warm halten, bis alle Koteletts fertig sind.

Dazu kann ein grüner Salat gereicht und jede Portion mit einem Klecks Kräutercreme versehen werden.

Tipp: Das Ausquellen des Buchweizenteiges ist wichtig. Am besten morgens zubereiten und kalt stellen.

Gefüllter Kohlrabi mit Lachs

4 Kohlrabi, 2 EL Butter, 3 fein gew. Schalotten, 75 ml weißer Burgunder, 200 ml Fischfond, 125 ml Sahne, 350 g Lachsfilets, abgeriebene Schale einer Zitrone (bio), 2 TL geh. Dillspitzen, Salz, weißer Pfeffer, einige Zweige Dill.

Die Kohlrabi schälen, die Blätter zur Seite legen. Einen Deckel abschneiden und die Kohlrabi aushöhlen. Das ausgehöhlte Fruchtfleisch würfeln. Die Kohlrabi in Salzwasser weichkochen, dabei dürfen sie nicht auseinanderfallen. Aus dem Wasser nehmen und warm halten. Die Butter erhitzen. Die Schalottenwürfel glasig dünsten. Die Kohlrabiwürfel zugeben und weichdünsten. Alles mit Wein, Fischfond und Sahne ablöschen. Fein pürieren. Den Lachs in Würfel schneiden und mit der Zitronenschale mischen. Etwas ziehen lassen. Zusammen mit dem gehacktem Dill in die Soße geben und 5 Min. garziehen lassen. Nicht kochen! Den Fisch noch einmal aus der Soße nehmen. Vorsichtig mit Salz und Pfeffer abschmecken. Die ausgehöhlten Kohlrabi auf vorgewärmte Teller geben. Mit Fisch und Soße füllen. Die übrige Soße darüber verteilen. Mit Dillzweigen dekoriert servieren.

Tipp: Zum Dekorieren eigenen sich auch klein geschnittene, kurz in Butter angedünstete Kohlrabiblätter. Dazu passt Kartoffelstampf oder Quinoa.

Varianten: Forelle oder Saibling statt Lachs verwenden.

Beilagenzauber

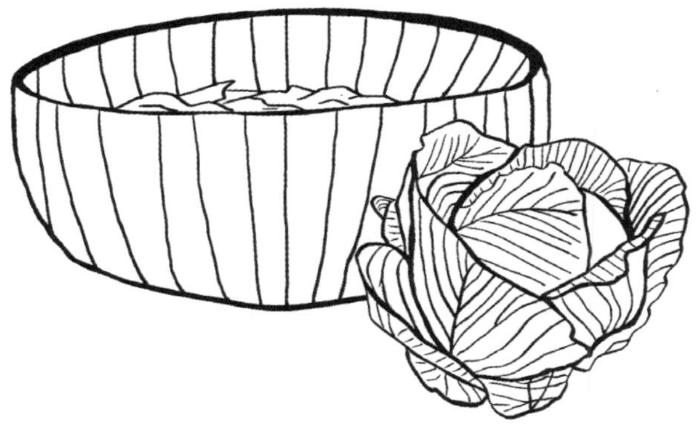

Spitzkohl mit Cranberrys

800 g Spitzkohl, 2 EL Butterschmalz, 50 g getrocknete Cranberrys, 2 EL Crème fraîche, 2 EL Sonnenblumenkerne, Salz, Pfeffer.

Den Spitzkohl putzen, dabei den Strunk entfernen und in Streifen schneiden. In kochendem Salzwasser 3–4 Min. blanchieren.

Das Butterschmalz erhitzen, den Kohl zusammen mit den Cranberrys, Crème fraîche und Sonnenblumenkernen einige Minuten darin schmoren. Alles mit Salz und Pfeffer abschmecken.

Passt zu Ente, Gans, Pute und Wildgerichten.

Tipp: Lecker mit in Olivenöl gerösteten Brotcroûtons. Wird die Menge etwas erhöht, ergibt das Gericht eine vollwertige vegetarische Mahlzeit.

Rotkohl klassisch

1 kg Rotkohl, 2 Äpfel (Boskop oder Cox), 1 große Zwiebel, 6 Nelken, Salz, brauner Zucker, ca. 250 ml Wasser, Zimt, Weinessig.

Den Rotkohl putzen, den Strunk entfernen und in feine Streifen hobeln. Die Äpfel schälen, entkernen und in Stücke schneiden. Die Zwiebel pellen und die Nelken in die Zwiebel drücken. Den Kohl zusammen mit den Apfelstücken, Salz und Zucker mischen. Das Wasser angießen. Die ganze Zwiebel unter den Rotkohl geben. Das Gemüse ankochen und dann auf mittlere Hitze reduzieren. Ab und zu umrühren. Die Zwiebel dabei vor dem Rührvorgang herausnehmen und hinterher immer wieder zufügen. Nach ungefähr 45 Min. die Zwiebel entfernen und den Kohl mit Zimt und Weinessig abschmecken.

Tipp: Die Arbeitsfläche vor dem Zerschneiden des Kohls mit Zeitungspapier auslegen. Denn Rotkohl ist wirklich rot! Zum Hobeln eignet sich das Schnitzelwerk einer Küchenmaschine!

Tipp: Gleich eine größere Menge zubereiten. Die Arbeit ist dieselbe und der fertige Rotkohl lässt sich prima einfrieren.

Rotkohlknödel

400 g Rotkohl, 1 EL Butterschmalz, 1 mittlere gew. Zwiebel, 2 EL dunkler Balsamico, 175 ml trockener Rotwein, 2 EL Kartoffelstärke, Salz, 2 EL Preiselbeerkompott, ca. 200 g Semmelbrösel, 2 Eier, 4 EL Mehl, ca. 1 l Öl zum Frittieren.

Für das Gewürzsäckchen: 1 EL Thymian getrocknet, 1 TL Wacholderbeeren, 1 Lorbeerblatt, 1 kl. Zimtstange, 1 TL schwarze Pfefferkörner, 4 Nelken, 1 Kannenteefilter.

Den Rotkohl putzen und fein hobeln. Das Butterschmalz erhitzen, die Zwiebelwürfel darin glasig dünsten und den Rotkohl zugeben. Mit Balsamico und Rotwein ablöschen. Alle Zutaten für den Gewürzsack in den Kannenfilter geben, zuknoten und zum Rotkohl geben. Ca. 40 Min. schmoren. Dabei ab und zu umrühren. Das Gewürzsäckchen entfernen. Die Stärke mit wenig Wasser anrühren und den Rotkohl damit binden. Mit Salz abschmecken und die Preiselbeeren untermischen. Von den Semmelbröseln 4 EL untermengen. Alles gut erkalten lassen. 4 Knödel formen. Die Eier verquirlen. Die Klöße erst in Mehl, dann in Ei und danach in den Semmelbröseln wenden. Das Öl auf 170 °C erhitzen und die Knödel darin 7–9 Min. frittieren. Gut abtropfen lassen.
Tipp: Sollte der Rotkohl zuviel Flüssigkeit abgesondert haben, etwas davon zurückbehalten – erst dann abbinden. Lässt sich, bis auf das Frittieren, schon am Vortag zubereiten!
Passt zu Geflügel oder Geschnetzeltem.

Kohlrabiwürfel mit rosa Pfeffer

800 g Kohlrabi, Salz, ½ TL brauner Zucker, 3 EL Butter, 2 EL Mehl, 100 ml Sahne, 1 EL rosa Pfeffer.

Den Kohlrabi schälen und in mundgerechte Stücke schneiden. Einen Topf bis zu ⅔ der Kohlrabihöhe mit Wasser füllen. Je 1 flachen TL Salz und Zucker zugeben. Den Kohlrabi mit Deckel ca. 8–10 Min. leicht bissfest garen. Das Gemüse abseihen, dabei das Kochwasser auffangen.

Die Butter in dem Topf zerlassen, das Mehl einrühren und nach und nach mit dem Kochwasser die Soße ablöschen, bis die gewünschte Konsistenz erreicht ist. Die Sahne zugeben. Den Pfeffer leicht andrücken und in die Soße geben. Den Kohlrabi wieder zufügen.

Passt zu allem Kurzgebratenem.

Waidmannskohl

800 g Weißkohl, 3 Äpfel (Boskop oder Cox), 50 ml Rapsöl, Salz, 200 ml leichte Gemüsebrühe, Weißwein, brauner Zucker.

Vom Kohl die äußeren groben Blätter und den Strunk entfernen und die benötigte Menge möglichst fein schneiden oder hobeln. Die Äpfel schälen, das Kerngehäuse entfernen und die Äpfel in Spalten schneiden.

Das Öl erhitzen, den Kohl darin andünsten und nach 5–7 Min. die Äpfel zugeben. Alles zusammen 2–3 Min. weiter dünsten. Dann mit Salz abschmecken und die Gemüsebrühe zufügen. Die Hitze etwas reduzieren und abgedeckt ca. 20 Min. leicht köcheln lassen. Mit Weißwein und Zucker abschmecken.

Passt gut zu Geflügel und Wild.

Varianten:
Halb Weißkohl und halb Wirsing, nur Wirsing oder etwas Crème fraîche dazugeben.

Bayerischer Weißkohl

1 kg Weißkohl, 1 Zwiebel, 50 g Schweineschmalz, Salz, Zucker, 200 ml Wasser, Weinessig, 1 mittelgroße Kartoffel (geschält).

Den Weißkohl putzen, von den äußeren Blättern und dem Strunk befreien und sehr fein schneiden. Die Zwiebel häuten und fein würfeln. Das Schmalz in einen Topf geben und erhitzen.
Die Zwiebel darin glasig dünsten, den Kohl zugeben und schmoren, sodass eine leichte Bräunung entsteht. Salz und Zucker zufügen und mit Wasser angießen. 25 Min. abgedeckt garen. Kräftig mit Essig abschmecken.
Die Kartoffel fein reiben und zum Kohlgemüse geben. Es ist servierfertig, sobald es durch die Kartoffel gebunden ist.

Tipp: Die Kartoffel nach und nach zugeben. Je nach gewünschter Konsistenz mehr oder weniger Kartoffel verwenden.

Mitgebracht von Thomas und Angelika Finkenzeller.

Steckrüben-Kartoffel-Gratin

750 g Steckrübe, 750 g Kartoffeln, 400 g Sahne, Salz, Pfeffer, Vollmilch, 1 EL frische Rosmarinnadeln.

Die Steckrübe putzen und in grobe Stücke zerteilen.
Die Kartoffeln schälen. Mit dem Hobel oder dem Schnitzelwerk einer Küchenmaschine die Steckrübenstücke und die Kartoffeln in feine Scheiben hobeln. Das Gemüse in einer Auflaufform gut mischen. Die Sahne zugeben und mit Salz und Pfeffer abschmecken. Alles gut vermengen. Etwas Milch zugeben, damit alles gut mit Flüssigkeit bedeckt ist.
Im Backofen bei 190 °C ca. 40 Min. backen. Nach 30 Min. mit den Rosmarinnadeln bestreuen.

Passt zu Kurzgebratenem, Lamm und Wild.

Rotweinrotkohl mit Holundersaft

1 kg Rotkohl, 2 Lorbeerblätter, 1 Zimtstange, 4 Nelken, 2 Msp. Piment, Salz, Pfeffer, 2 EL Holunderblütensirup, 300 ml Rotwein, 200 ml Holundersaft, 75 g Walnusskerne.

Den Rotkohl putzen und in große Stücke zerteilen, den Strunk entfernen. Zusammen mit den Lorbeerblättern, Zimt, Nelken und Piment in einen Bräter geben. Mit Salz und Pfeffer würzen.

Den Backofen auf 200 °C vorheizen. Holunderblütensirup, Rotwein und Holundersaft zum Kohl geben und den Deckel auflegen. 30–40 Min. garen. Nach 20 Min. den Deckel entfernen, die Walnusskerne zugeben und mitgaren.

Passt zu Wild- und Rinderbraten.

Rosenkohlpüree

500 g Rosenkohl, 500 g Kartoffeln, 30 g Butter, 1 Zwiebel, 150 ml Sahne, Salz, Pfeffer.

Den Rosenkohl putzen, die Kartoffeln schälen und halbieren. Beides in einem Topf mit einem Drittel Wasserhöhe weichgaren. Das Wasser abgießen und auffangen.

Den Rosenkohl und die Kartoffeln zerstampfen. Die Butter in einem kleinen Topf zerlassen und die gewürfelte Zwiebel glasig dünsten. Die Zwiebelwürfel mit der Butter zum Püree geben und zusammen mit der Sahne vermengen. Das Püree mit Salz und Pfeffer abschmecken. Sollte es zu fest sein, etwas von der Kochbrühe zugeben.

Variante: Den Rosenkohl durch Steckrüben ersetzen.

Chinakohl-Veggizauber

1 Chinakohl (ca. 800 g), 150 g Möhren, 1 rote Zwiebel, 1 EL Butter, 1 EL Rapsöl, 250 ml Gemüsebrühe, 125 g Gewürzgurken, 250 g saure Sahne, Kräutersalz, Pfeffer aus der Mühle, 2 EL frisch geh. Petersilie.

Den Chinakohl putzen, waschen und in feine Streifen schneiden. Die Möhren schälen und fein würfeln. Die Zwiebel schälen und fein hacken.
Die Zwiebelwürfel in Butter und Öl andünsten. Die Möhren zugeben, ca. 3–4 Min. unter Rühren garen. Den Chinakohl untermischen und alles zusammen noch einmal 5 Min. dünsten.
Die Gemüsebrühe zugeben und kurz einkochen lassen.
Die Gewürzgurke fein würfeln und zusammen mit der sauren Sahne zugeben und erwärmen. Mit Kräutersalz und Pfeffer abschmecken und mit Petersilie bestreut servieren.

Passt als Beilage super zu Geflügel.
Mit Kartoffelpüree oder Salzkartoffeln kann ein Hauptgericht daraus werden.

Karamellisierter Rosenkohl

500 g Rosenkohl (geputzt gewogen), 3 EL (45 ml) Ahornsirup, Fleur de Sel.

Den geputzten Rosenkohl 7–10 Min. in leicht gesalzenem Wasser garen. Er sollte nicht zu weich sein und noch etwas Biss haben. Das Wasser abgießen und den Rosenkohl halbieren. Gut abtropfen lassen und anschließend in einer Schüssel mit Ahornsirup vermischen.

Eine beschichtete Pfanne mit höherer Hitze vorheizen. Den Rosenkohl mit der Schnittfläche nach unten in der Pfanne verteilen. Ca. 6 Min. karamellisieren.

Vor dem Servieren den Rosenkohl umrühren und mit ein wenig Fleur de Sel betreuen.

Aus Luxemburg, mitgebracht von Ariadne Freymuth.

Steckrüben-Gnocchi

400 g Steckrübe, 400 g mehlige Kartoffeln, 200 g Hokkaido-Kürbis, 250 g Dinkelvollkornmehl, 2 Eier, Muskatnuss, Salz, Pfeffer, 125 g Butter, 4 Zweige Rosmarin.

Steckrübe, Kartoffeln und Kürbis putzen, würfeln und in wenig Wasser ca. 15 Min. dünsten, bis alles weich ist. Das Wasser abgießen und das Gemüse gut abdampfen lassen. Einen Topf mit Wasser und Salz erhitzen.

Das Gemüse fein stampfen oder durch eine Presse drücken. Das Püree mit Mehl und Eiern mischen und mit etwas Salz, Pfeffer und Muskatnuss abschmecken. Aus dem Teig eine Rolle formen, Scheiben abschneiden und diese zu Gnocchi formen. Diese dann in das siedende Wasser gleiten lassen. Anschließend herausnehmen und abtropfen lassen. Die Butter in einer Pfanne zusammen mit dem Rosmarin erhitzen. Den Rosmarin wieder entfernen und die Gnocchi darin gut anbraten. Anschließend die Nadeln des Rosmarins wieder zufügen.

Passt gut zu Lamm und Wild.

Variante: Salbei statt Rosmarin verwenden.

Tipp: Den Hokkaido nicht schälen. Nur von Kernen, Blüten- und Stielansatz befreien.

Karamellisiertes Kürbissauerkraut

400 g Hokkaido-Kürbis, 2 EL Zucker, 600 g Sauerkraut, 2 gew. Schalotten, 1 EL Öl, 200 ml Apfelsaft naturtrüb, 1 Lorbeerblatt, 2 Wacholderbeeren, ½ TL Kümmel (ganz), Salz, Pfeffer.

Den Kürbis waschen, vom Stiel- und Blütenansatz befreien und entkernen. In feine Streifen schneiden oder hobeln. Den Zucker in einen Topf geben und karamellisieren lassen. Er sollte dabei nicht zu dunkel werden. Den Topf vom Herd nehmen, das Sauerkraut einrühren und das Karamell durch Rühren langsam lösen. Den Kürbis zugeben. In einem separaten Topf die Schalottenwürfel im Öl glasig dünsten und alles zum Sauerkraut geben. Apfelsaft, Lorbeerblatt, Wacholderbeeren und Kümmel zugeben. Alles umrühren und ca. 15 Min. schmoren. Evtl. mit Salz und Pfeffer abschmecken. Vor dem Servieren das Lorbeerblatt und die Wacholderbeeren entfernen.

Variante: Statt Apfelsaft passt auch ein fruchtiger Weißwein zum Sauerkraut.

Tipp: Sollte das Sauerkraut nicht genug Flüssigkeit enthalten, den Apfelsaft bereits mit dem Sauerkraut nach dem Karamellisieren des Zuckers zufügen.

Pak Choi in Weißweinsoße

2 Knoblauchzehen, 2 Schalotten, 50 g Butter, 600 ml Brühe nach Wahl, 300 ml Weißwein, 2 Lorbeerblätter, 800 g Pak Choi, Salz, Pfeffer aus der Mühle.

Den Knoblauch putzen und fein würfeln. Die Schalotten schälen und ebenfalls würfeln. Die Butter erhitzen und den Knoblauch und die Zwiebelwürfel darin dünsten, bis eine leichte Bräunung entsteht. Die Brühe, den Wein und die Lorbeerblätter zugeben. Den Sud erhitzen, bis er leicht köchelt. Ab und zu umrühren.

Nach 15 Min., bis dahin sollte die Soße auf ca. die halbe Menge reduziert sein, das Lorbeerblatt entfernen. Die Hitze reduzieren.

Den Pak Choi putzen, der Länge nach halbieren und in die Soße geben. 10 Min. leicht in der Soße dünsten. Mit Salz und Pfeffer abschmecken.

Passt zu Fisch und Fleisch.

Variante: Lecker ist der Baby Pak Choi. Sollte kein Pak Choi erhältlich sein, kann auch Chinakohl verwendet werden.

Scharfer Grünkohl

600 g Grünkohl (geputzt gewogen), Meersalz, 2 rote Chilischoten, 3–4 Knoblauchzehen, 6 EL Olivenöl.

Den Grünkohl waschen und möglichst trocken tupfen. Den Strunk entfernen. Einen Topf mit gesalzenem Wasser zum Kochen bringen und den Kohl darin ca. 1 Minute blanchieren. Herausnehmen, etwas kleiner schneiden und bis zur weiteren Verwendung beiseitestellen.

Die Chilischoten putzen und je nachdem wie viel Schärfe gewünscht ist, die Kerne entfernen oder mitverwenden – in Ringe schneiden.
Den Knoblauch abziehen und in dünne Scheiben schneiden.
Das Öl erhitzen und darin die Chiliringe und Knoblauchscheiben andünsten. Alles aus dem Öl nehmen.
Den Grünkohl zufügen und für 8–10 Min. gut durchschwenken.
Mit Meersalz abschmecken, Knoblauch und Chili darüber verteilen und servieren.

Passt zu Fleisch, Fisch und Pasta.

Tipp: Bei der Menge des Chilis den persönlichen Geschmack entscheiden lassen.

Wiemersdorfer Kohlsteak

2 EL Kümmelsamen, grobes Meersalz, 1 Weißkohl (ca. 1 kg), Butter, Mehl, 3 Eier, Paniermehl, Pfeffer aus der Mühle, kleine Holzspieße.

Den Backofen auf 200 °C vorheizen.
Den Kümmel in einem Topf mit 1,5 l Wasser und 1 EL Salz zum Kochen bringen. Die Hitze zurücknehmen und 15 Min. leicht sieden lassen. Anschließend die Flüssigkeit durch ein Sieb geben und auffangen. Den Kohl grob putzen, eine Seite begradigen und in ca. 2,5 cm dicke Scheiben schneiden. Jede Scheibe rundherum mit Holzspießen fixieren. Den Strunk belassen, denn er hält alles besser zusammen, diesen nur später nicht mitessen. Das Kümmelwasser in eine Fettpfanne geben, die Kohlscheiben einlegen und 10 Min. garen. Umdrehen und weitere 10 Min. garen. Die Scheiben auf Küchenkrepp gut abtropfen. Die Fettpfanne trocknen und mit Backpapier auslegen. Butter in einer Pfanne zerlassen.
Jede gut getrocknete Kohlscheibe in Mehl, dann in aufgeschlagenem Ei und zum Schluss in Paniermehl wenden. Jedes Kohlsteak von beiden Seiten knusprig in der Butter braten.
Die fertigen Kohlsteaks auf das Backblech legen und im Ofen bis zum Servieren warm halten. Mit wenig grobem Meersalz und Pfeffer bestreut anreichen.

Als Beilage zu Fleisch und Fisch. Mit einer leichten Kräuterjoghurtcreme wird eine vegetarische Hauptspeise daraus.

Schichtgratin

500 ml Sahne, 400 ml Vollmilch, 500 g Kohlrabi, 500 g festkochende Kartoffeln, Fett für die Form, Salz, Pfeffer, Muskat, 100 g frisch ger. Manchego.

Die Sahne zusammen mit der Milch in einen Topf geben, erhitzen und um ca. ⅓ der Flüssigkeit reduzieren. Das dauert ca. 25 Min.

In der Zwischenzeit den Kohlrabi und die Kartoffeln schälen und fein hobeln. Eine Auflaufform ausfetten. Nun die Sahnemischung mit Salz, Pfeffer und frisch geriebenem Muskat abschmecken. In die Form im Wechsel Kohlrabi und Kartoffeln einschichten. Mit der Würzflüssigkeit begießen.

Im Backofen bei 190 °C 30 Min. backen. Mit dem Manchego bestreuen und weitere 15 Min. backen.

Passt als Beilage zu Fleisch und Fisch. Oder vegetarisch für 2 Personen als Hauptgericht.

Stuvet Weißkohl

1½ kg Weißkohl, 1 l Wasser, 1 TL grobes Salz, 25 g Butter, 400 ml Sahne, 100 ml Milch, 1½ TL grobes Meersalz, Pfeffer aus der Mühle.

Am Morgen oder am Vortag die äußeren Blätter vom Kohl entfernen, den Kohl vierteln und den Strunk herausschneiden. Das Wasser mit Salz zum Kochen bringen. Den Kohl ca. 12–13 Min. abgedeckt darin kochen. Gut abkühlen und in einem Sieb abtropfen lassen.

Am nächsten Tag vor der weiteren Zubereitung jedes Stück in einem Geschirrtuch gut auswringen und klein schneiden. In einem Topf die Butter mit Sahne und Milch aufkochen. Den Kohl zugeben und 5–10 Min. garen. Mit Salz und Pfeffer abschmecken.

Dazu passen Frikadellen und anderes Kurzgebratenes. Mit Salzkartoffeln servieren.

Variante: Mit Muskat abschmecken.

Gerne hat man in Dänemark früher auch Zucker und Zimt über den Kohl gestreut.

Aus Dänemark, mitgebracht von Wiebke Melgård.

Grønlangkål – dänischer Grünkohl

1 Zwiebel, ca. 600 g Grünkohl, 2 EL Butter, 400 ml Sahne, Salz, Pfeffer, Zucker.

Die Zwiebel schälen und fein würfeln. Den Grünkohl waschen und trocken schleudern. Die Stiele entfernen und den Kohl etwas kleiner schneiden. Die Butter in einem Topf erhitzen und die Zwiebelwürfel darin glasig dünsten. Den Grünkohl zugeben. Kurz anschwitzen und dann die Sahne zufügen. Bei mittlerer Hitze simmern lassen und unter Rühren weiter einkochen, bis das Grünkohlgemüse die gewünschte Konsistenz hat. Mit Salz und Pfeffer abschmecken. Zucker dazustellen.

Passt zu Fleisch und Bratwurst.

Tipp: Kann mit frischem oder TK-Grünkohl zubereitet werden. In Dänemark bekommt man ihn zur Saison frisch bei den Landwirten zu einer gepressten Kugel geformt.

Aus Dänemark, mitgebracht von Aase Krista Lauritzen.

Grüne Smoothies

Anfänglich überrascht, interessierte das Autorinnenteam das Thema Smoothies in zunehmendem Maß. Im Detail hier an dieser Stelle auf alle Aspekte einzugehen, sprengt den Rahmen des Buches. Darüber lässt sich durchaus ein gesondertes Buch verfassen.

Voraussetzung für die Herstellung von Smoothies ist ein Smoothie-Bereiter oder ein Hochleistungsmixer. Die Zutaten müssen so zerkleinert werden, dass ein cremiger Brei absolut ohne Stücke daraus wird. Und das, ohne Luftblasen darunter zu schlagen.

Bei den Recherchen zum Thema stellen wir fest, dass es unterschiedliche Philosophien zu diesem Trend gibt, der seinen Ursprung wohl in den USA hat.
Sattmacher, Körpergesundheit, entschlacken, Beauty-Themen, Muskelaufbau, abnehmen und sehr viel mehr. Smoothies sollen für vieles gut sein.

Eines haben alle Themen gemeinsam:
Im Ernährungspuzzle dem Körper Gutes tun!
Schnell gemacht, beinhaltet ein grüner Smoothie am Morgen eine gute Portion Vitamine und Mineral- und Ballaststoffe für den Tag.

Aufs Neue überraschte dann, dass in vielen grünen Smoothies auch grüner Kohl war. Nun sehr neugierig geworden, haben wir selbst einiges ausprobiert und das schmeckte ausgesprochen lecker!

Die eigenen Smoothies herstellen? Lassen Sie Ihren Geschmack dabei mitentscheiden.

Nicht ganz unwichtig dabei: Was ist noch vorhanden im Vorrat? Oft kommt dann einfach rein, was reif und einfach da ist. Es klappt hervorragend und ergibt dann auch einen weiteren positiven Nebeneffekt: Es wird weniger entsorgt, reifes Obst und Gemüse wird verbraucht!

Dazu als Tipp: Es spart Zeit am Morgen, wenn das Gemüse und Obst am Vorabend gewaschen und vielleicht auch schon geputzt wird. Kühl gestellt und abgedeckt ist der Smoothie morgens sehr schnell hergestellt.

Holen auch Sie sich die Sonne ins Glas – es lohnt sich!

Zusammenstellung – Basis
Etwa ⅓ grünes Blattgemüse, z. B. Grünkohl, Brokkoli, Kohlrabiblätter und so weiter.
⅓ Obst und Beeren.
30 % Wasser – wer mag auch kühl. Oder einige Eiswürfel.
Gute Fette in geringen Mengen, durch Nüsse, Avocado, gute kaltgepresste Öle oder auch Kokosmilch.
Auch frische Kräuter gehen super und peppen das Gemisch auf! Minze, Zitronenmelisse, Basilikum, Petersilie oder was das Kräuterbeet oder die Saison gerade hergeben.

Die Rezepte sind für 2 größere Gläser oder 4 kleine Gläser, ausgelegt. Und nun ran an die grüne Lust!

Grünkohlfeger

100 g Grünkohl (frisch oder TK), 100 g Feldsalat (oder anderer Blattsalat), 1 Grapefruit, 1 Banane, 10 g Ingwer, 4 Walnusshälften, 200 ml Mineralwasser (oder mehr).

Den Grünkohl putzen, kurz in kochendem Wasser blanchieren, trocken tupfen und den Strunk entfernen.
Die Grapefruit schälen und grob zerteilen. Den Ingwer schälen.
Alle Zutaten in den Küchenmixer geben und aufpürieren.

Kohlrabispaß

100 g Blätter gemischt (Kohlrabi, Blattspinat, Möhrengrün), 100 g Staudensellerie, 100 g frische Ananas, 1 Apfel, 1 TL Nussöl oder Nussmus, 200 ml Wasser oder Mineralwasser.

Sellerie, Ananas und Apfel klein schneiden. Zusammen mit den restlichen Zutaten in den Mixer geben und aufmixen.

Cremetraum

Je nach Größe 4–5 Blätter vom Pak Choi (75 bis 100 g), ½ Avocado, Saft einer Limette, 1 kleiner Apfel, 1 kleine oder eine halbe Banane, 200 ml Wasser.

Das Fruchtfleisch der Avocado, den klein geschnittenen Apfel und die in Scheiben geschnittene Banane zusammen mit allen anderen Zutaten in den Mixer geben und aufmixen.

Palmen-Zauber

4–6 Blätter Palmkohl (ohne Stiel 150 g), 1 Kiwi, 75 g Weintrauben ohne Kern, ½ Banane, 10 g Ingwer, 200 ml flüssige Kokosmilch.

Palmkohl und Trauben waschen. Kiwi, Banane und Ingwer schälen und klein schneiden. Alle Zutaten in den Mixer geben und aufmixen.

Rosenkohlwunder

150 g Rosenkohl und Wirsingblätter, 1 größere oder 2 kleinere Mango, Pfirsiche, Saft einer Limette, 4 Datteln ohne Stein, 200 ml Kokosmilch.

Kohl waschen und mit dem Mango- oder Pfirsichfruchtfleisch, dem Limettensaft, den Datteln und der Kokosmilch im Mixer aufmixen.

Grünzauber

75 g Palmkohlblätter, 75 g Stangensellerie, 1 Hand Feldsalat, 20 g Ingwer, 1 reife Kaki, Saft einer Limette, 1 TL Nussmus, 200 ml Mineralwasser.

Den Schwarzkohl waschen und entstrunken. Den Sellerie und den Feldsalat waschen und klein schneiden. Ingwer schälen und zerkleinern. Kaki vierteln und Strunk entfernen. Alle Zutaten zusammen aufmixen.

Register

Suppen und Eintöpfe

Abends oder andere Anlässe

Salatschleuder

Alles Rolle

Register nach Kohlsorten